Antje Bostelmann (Hrsg.)

Das Portfolio-Konzept

in der Grundschule

Individualisiertes Lernen organisieren

Verlag an der Ruhr

Titel:
Das Portfolio-Konzept in der Grundschule
Individualisiertes Lernen organisieren

Herausgeberin:
Antje Bostelmann,
Geschäftsführerin der KLAX gGmbH

Druck:
B.o.s.s Druck und Medien GmbH, Goch

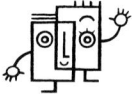

Verlag:
Verlag an der Ruhr
Alexanderstraße 54 – 45472 Mülheim an der Ruhr
Postfach 10 22 51 – 45422 Mülheim an der Ruhr
Tel.: 0208/4395450 – Fax: 0208/4395439
E-Mail: info@verlagruhr.de
www.verlagruhr.de

© **Verlag an der Ruhr 2006**
ISBN 10: 3-8346-0137-3 (bis 12/2006)
ISBN 13: 978-3-8346-0137-7 (ab 2007)

geeignet für die Klasse 1 2 3 4 5

Gedruckt auf chlorfrei gebleichtes Papier.

Die Schreibweise der Texte folgt der neuesten Fassung
der Rechtschreibregeln – gültig ab August 2006.

KLAX stellt sich vor

KLAX ist ein gemeinnütziger Träger mit Sitz in Berlin, dessen zentrales Ziel die Förderung der Bildung und Kreativität von Kindern ist. Das Unternehmen startete 1990 mit kreativen Kinderkursen in Malerei, Keramik und Tanz. Seit 1992 haben wir unser Konzept, um dessen Weiterentwicklung wir uns ständig bemühen, auf den Betrieb von Kindergärten ausgeweitet. Auch in diesem Bereich möchten wir mit unserem pädagogischen Ansatz und unseren Vorstellungen über Bildung und Kreativität einen Beitrag zur anspruchsvollen Förderung von Kindern leisten. Nach dem KLAX-Konzept arbeiten mittlerweile 19 Berliner Kindergärten und seit 2001 auch unsere private Grundschule.

Alle Einrichtungen der KLAX gGmbH arbeiten nach dem pädagogischen Konzept von KLAX. Aufgabe der Abteilung **Pädagogische Entwicklung und Prozesssteuerung** (PEP) ist es, die pädagogische Arbeit in allen KLAX-Einrichtungen durch inhaltliche Vorgaben zu steuern, die pädagogische Qualität zu überprüfen und zu verbessern. Zudem wird das pädagogische Konzept von KLAX im Sinne neuer gesellschaftlicher Anforderungen ständig weiterentwickelt.

Für die KLAX-Kindergärten, die KLAX-Schule und das Institut ist die Pädagogische Entwicklung und Prozesssteuerung gleichermaßen zuständig. Für jeden Bereich werden in der Pädagogischen Entwicklung und Prozesssteuerung die pädagogischen Handbücher erstellt und gepflegt, in denen die pädagogischen Standards, Prozesse und Abläufe der Einrichtung beschrieben sind.

Durch eine enge Anbindung an die Praxis ist gewährleistet, dass die pädagogischen Handbücher stetig aktualisiert werden. Die Pädagogische Entwicklung und Prozesssteuerung gibt u.a. die jährliche Selbstevaluation in Auftrag und wertet diese aus. Durch Audits, regelmäßige Berichte der Fachanleiter und andere Maßnahmen verschafft sie sich einen Einblick hinsichtlich der Umsetzung der pädagogischen Standards und des aktuellen Qualitätsstands in der jeweiligen Einrichtung.

Die Kinderbildungswerkstatt des KLAX-Instituts bietet ein Kursprogramm für Kinder, Jugendliche und Erwachsene in allen Bildungssparten an. Reisen für Familien und Kindergruppen in unser Indianerdorf in der Mecklenburgischen Schweiz gehören ebenfalls zum Programm.

Unser Bild vom Kind

„KLAX – bei uns lernt die Zukunft", das ist das Motto unseres Leitbildes. Bei allem, was wir tun, denken wir über die Bedürfnisse von Kindern nach und messen den Erfolg unserer Arbeit daran. Unser Bild vom Kind basiert auf der Annahme, dass Kinder von Anfang an große Potenziale mitbringen. Um diese Anlagen zu entfalten, brauchen sie vielfältige Anregung durch ihre Umwelt.

Nur wenn man die Individualität jedes Kindes berücksichtigt und es unterstützt, seinen eigenen Weg zu finden, können sich die

Potenziale des Kindes entfalten. Um sich optimal zu entwickeln, brauchen Kinder jedoch vielfältige Anregung zur Auseinandersetzung mit der Welt. Entwicklung und Bildung zu fördern, bedeutet also auch, Kindern bewusst Erfahrungen zugänglich zu machen, ihnen anspruchsvolle Bildungsangebote zu machen und ihnen Wege des Lernens aufzuzeigen.

Lernen ist ein lebenslanges Grundbedürfnis des Menschen. Wir begreifen es als Aufgabe, bei Kindern die Eigenmotivation zum Lernen zu erhalten und zu fördern. Kinder lernen begeistert, wenn sie dabei ihre eigene Neugier stillen können: Unsere Aufgabe als Pädagogen ist es daher, Kinder bei der Entwicklung eigener Fragestellungen zu unterstützen. Wir müssen spannende Bildungsangebote für sie entwickeln, in denen ihre Neugier Nahrung findet.

Lernen bereitet Lust, wenn man auf eine Weise lernen kann, die dem eigenen Charakter entspricht: Wir müssen Kinder unterstützen, ihre optimale Weise des Lernens kennen zu lernen. Wir wollen Bedingungen schaffen, die es Kindern ermöglichen, alle Sinne einzusetzen. Lernen muss ganzheitlich sein. Lernfreude bleibt erhalten, wenn man sich dabei als handlungsfähig erleben und für das Erlernte Stolz entwickeln kann. Wir begreifen es als wichtige Aufgabe, bei Kindern ein Bewusstsein für ihren eigenen Weg des Lernens aufzubauen und sie zu befähigen, ihre Lernprozesse reflektieren zu können. Indem Kinder erfahren, wie sie lernen und was sie schon gelernt haben, können sie eine sichere, positive Haltung zu allen kommenden Lernaufgaben aufbauen.

Die KLAX-Grundschule

Unsere staatlich genehmigte private Grundschule setzt die Prinzipien und Werte der KLAX-Pädagogik in der bildungspädagogischen Arbeit um. Die Schule ist in überschaubare altersgemischte Lernstufen gegliedert: Die **Eingangsstufe** umfasst die Jahrgangsstufen 1 bis 2. In der **Mittelstufe** lernen Schüler der Jahrgangsstufen 3 bis 4 gemeinsam. Die Jahrgangsstufen 5 und 6 bilden die **Übergangsstufe**, nach der die Kinder ihre Grundschulzeit beenden.

Die Klassen der KLAX-Vorschule haben wir eng an die Grundschule gebunden, um die Kinder frühzeitig auf das „Lernen mit Zielen" vorzubereiten.

Das pädagogische Team einer jeden Lernstufe besteht aus staatlich anerkannten Grundschullehrern*, die Bezugspersonen für eine Kindergruppe und zugleich Fachleute für ein bestimmtes Lerngebiet sind. Erzieher, die die Lehrkräfte während des Fachunterrichts unterstützen, bereichern die bildungspädagogische Arbeit.

Um die Planung der pädagogischen Arbeit und die Koordination der täglichen Abläufe kümmern sich die Lernstufenleiter. Maximal 13 Kinder gleichen Alters bilden eine Bezugsgruppe, deren Ansprechpartner die Bezugslehrer sind. Unser Bezugsgruppensystem, in dem jeweils eine relativ kleine Anzahl von Kindern gemeinsam lernt, sichert die individuelle Förderung jedes einzelnen Kindes nach seinen Fähigkeiten und Bedürfnissen.

Während ihrer Grundschulzeit durchlaufen die Kinder die oben genannten sechs Jahrgangsstufen. Die Bezugsgruppen bleiben in der Regel bestehen. Allerdings wechseln die Schüler zu neuen Lehrerteams, wenn sie die nächste Lernstufe erreichen. Das hat den Vorteil, dass die Pädagogenteams sich jeweils auf den Unterricht in einer bestimmten Altersgruppe spezialisieren können.

Alle pädagogischen Mitarbeiter entwickeln ihre fachliche Kompetenz regelmäßig in Fortbildungskursen weiter. Jährlich bewerten wir die Qualität der pädagogischen Arbeit und verändern Zielstellungen, wenn das nötig ist.

* Aus Gründen der besseren Lesbarkeit haben wir in diesem Buch durchgehend die männliche Form verwendet. Natürlich sind damit auch immer Frauen und Mädchen gemeint, also Lehrerinnen, Schülerinnen etc.

Wie dieses Buch entstand

Als wir im April 2004 nach Skandinavien reisten, um Anregungen für die Fortentwicklung der Bildungsarbeit an unserer Grundschule zu sammeln, ahnten wir nicht, welche Veränderungsprozesse diese Reise nach sich ziehen würde. In Dänemark und Schweden besuchten wir verschiedene Bildungseinrichtungen, darunter Schulen und Kindertagesstätten, und waren von dem Respekt und der Wertschätzung beeindruckt, die man Kindern und Jugendlichen in diesen beiden Ländern entgegenbringt. Stets sind die Heranwachsenden Mittel- und Ausgangspunkt, wenn von Lernoder Bildungsprozessen die Rede ist und die notwendigen Rahmenbedingungen dafür geschaffen werden.

Während der Reise entdeckten wir viele Elemente, die unseren Vorstellungen von guter Bildungsarbeit entgegenkamen oder sich mit ihnen deckten. **Gruppenoffene Lernformen** und **fachübergreifendes Arbeiten** waren an vielen der von uns besuchten Schulen an der Tagesordnung. Dies ermutigte uns, den Austausch darüber zu suchen, wie man Bildungsprozesse bei Schülern im Unterricht **besser initiieren** und **begleiten** kann.

Besonders beeindruckte uns eine kleine Schule am Rande Stockholms, die bereits 1995 begonnen hatte, nach dem Qualitätsmanagement-System zu arbeiten. Seither ist die „Älta skola" stets um Verbesserungen bemüht und gewann im Jahr 2001 den Preis des Swedish

Institute for Quality (SIQ), wobei sie sich im Wettbewerb gegen Unternehmen wie IBM durchsetzte.

Im Gespräch mit Lehrern dieser Schule entdeckten wir viele Gemeinsamkeiten, und es entwickelte sich eine intensive Partnerschaft. Eine dieser Gemeinsamkeiten war, dass wir und die „Älta skola" nach dem Qualitätsmanagement-System arbeiten – nur auf verschiedene Weise. Während wir Qualitätsmanagement für die Planung und Evaluation von Bildungs- und Unterrichtsangeboten sowie für alle Prozesse einsetzten, die KLAX als Gesamtsystem betrafen, waren unsere schwedischen Partner schon weiter: Sie hatten den aus Wirtschaft und Industrie bekannten **Qualitäts-Kreis** (vgl. dazu Abb. S. 15) nicht nur in die Pädagogik zurückgeführt, aus der er ursprünglich stammte, sondern gaben ihn den Schülern selbst in die Hand. Die Elemente des Qualitäts-Kreises (Planen, Durchführen, Auswerten, Verbessern) sind im Unterricht der „Älta skola" allgegenwärtig.

Bei Hospitationen und in Gesprächen mit den Schülern stellten wir fest, dass nicht nur jeder wusste, was damit gemeint war, sondern alle damit umgingen: die Lehrer bei der Vor- und Nachbereitung ihrer Unterrichtsangebote, die Schüler bei der täglichen Arbeit an ihren Zielen.

Hierzulande mag es noch befremdlich klingen, wenn man von **Qualitätsarbeit im Unterricht** spricht. Doch je mehr wir dem System auf den Grund gingen, desto größere Erfolge ließen sich im praktischen Unterricht damit erzielen.

Bereits im Sommer 2004 führten wir in der KLAX-Grundschule das **„Lernen mit Zielen"** ein. Dabei unterstützten uns unsere schwedischen Partner tatkräftig und halfen uns anfangs über so manchen Stolperstein hinweg. In Workshops und Lerngruppen setzten wir uns mit dem Thema „Qualitätsarbeit" intensiv auseinander. Wir führten **Logbuch** und **Portfolio** als grundlegende Instrumente

Das
Portfolio-Konzept in der Grundschule

des Schülers in den praktischen Unterricht ein und entwickelten schließlich ein **eigenes System**, mit dem sich die Lernleistungen von Schülern individueller abbilden und somit besser unterstützen ließen.

Mittlerweile haben wir viele gute Erfahrungen mit der Methode des „Lernens mit Zielen" gemacht und eigene Ideen entwickelt, die wir mit Ihnen teilen möchten. Dabei ist es nicht unser Anliegen, ein weiteres Portfolio-Buch zu schreiben, wenngleich in Deutschland bisher nur wenig darüber publiziert wurde. Vielmehr möchten wir mit diesem Buch zeigen, dass hinter der so genannten **Portfolio-Methode** ein **ganzes System** steckt, mit dem sich Lernende und Lehrende auseinandersetzen müssen, wenn sie Bildungsprozesse in der Grundschule erfolgreich steuern, meistern und optimal begleiten wollen. Die Auseinandersetzung mit dem System „Lernen mit Zielen" lohnt sich, denn sie führt zu einer modernen Lernkultur, die den individuellen Potenzialen der Lernenden wirklich Rechnung trägt.

Auf der Grundlage unserer praktischen Erfahrungen möchten wir die **Methode des „Lernens mit Zielen" vor dem Hintergrund des Qualitäts-Kreises erörtern**, der hierzulande noch weitgehend unbekannt ist. Zum anderen möchten wir mittels **Erfahrungsberichten** aus unterschiedlichen Fachbereichen zeigen, auf welche Weise sich **„Lernen mit Zielen" in der Grundschule umsetzen** lässt. Dabei sind die Erfahrungsberichte nicht bloße Ablaufbeschreibungen, sondern sollen Sie anregen, die eigene Praxis damit zu vergleichen. Weil Projektarbeit und fächerübergreifendes Lernen Schwerpunkte an unserer Schule sind und zunehmend auch an vielen anderen Schulen forciert werden, stellen wir in einem gesonderten Kapitel dar, dass „Lernen mit Zielen" und kreative Projektarbeit einander geradezu bedingen: Mit dem Regenwurm-Projekt, das wir Ihnen in Kapitel 4 vorstellen, wollen wir wesentliche Grundzüge der Qualitätsarbeit veranschaulichen.

In den **Portfolios** finden sich überzeugende Beispiele dafür, wie unsere Schüler ihre eigenen Bildungsprozesse kritisch reflektieren und sich auf dieser Basis an neue Ziele heranwagen. Die über zwei Schuljahre hinweg gesammelten Arbeitsergebnisse und Projektdokumentationen spiegeln die **Vielfalt der Lernwege** wieder, die die Schüler beim „Lernen mit Zielen" individuell beschritten. Zudem belegen die Ergebnisse, wie Schüler und Lehrkräfte hinzulernen und sich zunehmend souverän auf dem Gebiet des „Lernens mit Zielen" bewegen. Aus der Idee, dass auch andere Pädagogen auf den Erfahrungsschatz, den wir gesammelt hatten, zurückgreifen könnten, wenn wir ein Buch darüber schreiben würden, wurde

ein **Gemeinschaftsprojekt**: Die Pädagogen der KLAX-Grundschule stellten einen Großteil der Praxisbeispiele und Erfahrungsberichte zur Verfügung. Die Abteilung Pädagogische Entwicklung und Prozesssteuerung (PEP) entwickelte die Portfolio-Formulare und das Logbuch, beschrieb die Eckpfeiler des Systems und unterstützte die Pädagogen bei der Umsetzung des Lernens mit Zielen an der Grundschule.

Unseren Schülern sind Logbuch und Portfolio inzwischen zu selbstverständlichen Arbeitsmitteln geworden. Selbstbewusst zeigen sie täglich, dass die Methode funktioniert. Unsere schwedischen Partner von der „Älta skola", besonders Ann Karlberg, hätten ihre Freude daran.

> **Doch wir wissen: Beim „Lernen mit Zielen" ist man immer unterwegs, denn Lernen heißt vorankommen, nicht ankommen. Insofern ist jedes Ziel, das wir erreichen, nur ein neuer Startpunkt.**

Wen wir erreichen möchten

Unser Buch richtet sich an alle **Pädagogen**, die sich für die Methode des „Lernens mit Zielen" interessieren und wissen möchten, wie sie diese Methode in ihrem Unterricht anwenden können. Sicher, jede Schule ist anders – und das ist in Anbetracht der erwünschten Vielfalt in der Lern- und Lehrlandschaft auch gut so. An manchen Schulen ist fachübergreifendes Arbeiten auch außerhalb von Projektwochen möglich. An einigen Schulen gibt es täglich Phasen, in denen Schüler unterschiedlichen Alters zusammen lernen, an anderen nicht. Weil das so ist, versuchen wir, unsere Anregungen und Hinweise so zu formulieren, dass sie auf Ihre Lern- und Lehrsituation übertragbar sind. Wo es nötig ist, geben wir konkrete und genaue Erläuterungen, denn „Lernen mit Zielen" – wie wir es verstehen – ist keine Methode, die man beiläufig oder zusätzlich anwenden kann. Im Gegenteil: Sie fordert die ganze Aufmerksamkeit der Lehrkräfte, Schüler und Eltern.

Wir sind optimistisch, dass sich viele einzelne Elemente, die mit dieser Methode verbunden sind, entsprechend den Rahmenbedingungen Ihrer Grundschule modifizieren lassen. Doch den kreisartigen Verlauf der Vorgehensweise beim Lernen und Lehren, in dessen Mittelpunkt der Schüler mit all seinen Fähigkeiten und Potenzialen steht, sollten Sie nicht aus den Augen verlieren. Er bildet die Basis des Vorgehens.

Unser Buch richtet sich auch an **Schulentwickler und Schulleiter**, deren Interesse es ist, die Qualitätsarbeit als Gesamtsystem an Grundschulen einzuführen und zu begleiten. Zu diesem Zweck vermitteln wir immer wieder Hinweise und Tipps, wie man Strukturen und Prozesse an Grundschulen so verändern kann, dass sie zielorientiertes Lernen ermöglichen, wie man Lehrer, Schüler und Eltern überzeugt und gewinnt, um letztlich die Rahmenbedingungen der Schule entsprechen den Bedürfnissen der Schüler zu optimieren.

Was in den Kapiteln steht

In **Kapitel 1** beschreiben wir die **Grundlagen der Qualitätsarbeit** und erörtern sie anhand prägnanter praktischer Beispiele. Dabei erfahren Sie, wie das Lernen und Lehren nach dem Qualitäts-Kreis funktioniert und von welchen Prämissen es ausgeht. Im Vordergrund steht die Frage nach den so genannten smarten Zielen, und Sie erfahren, wie man fachliche Ziele aus dem Rahmenplan generiert, sie am tatsächlichen Lernstand der Klasse ausrichtet und welche Möglichkeiten der Leistungsdifferenzierung verschiedene Lern-Levels bieten.

Da Qualitätskriterien beim „Lernen mit Zielen" eine zentrale Rolle spielen, erklären wir, wie man Kriterien verbindlich festlegen und zur objektiveren Leistungsbeurteilung im

Unterricht nutzen kann. Als Basis des gemeinsamen Lernens wird der Wertegrund thematisiert, und wir beschreiben, wie man die Atmosphäre in der Schule mit Hilfe von sozialen Zielen verbessern kann.

Kapitel 2 widmet sich den **Kerninstrumenten der Qualitätsarbeit**, dem **Logbuch** und dem **Portfolio**. Wir erklären, welchen Beitrag das Portfolio für die Reflexion des eigenen Lernwegs und der individuellen Erfolge leistet und warum es ein unerlässliches Mittel für die Umsetzung des „Lernens mit Zielen" ist. Detaillierte Verfahrensbeschreibungen sollen helfen, das Portfolio im Unterricht sinnvoll einzusetzen. Wir weisen darauf hin, welche Aspekte Sie bei der Einführung von Portfolios beachten müssen und wie Sie dabei vorgehen können. Erfahrungsberichte von Lehrern geben Aufschluss darüber, wann die Schüler Arbeiten für die Portfolios auswählen und warum die Begründung der Auswahl letztlich die Evaluation des Geleisteten darstellt. In diesem Zusammenhang informieren wir Sie auch über die Portfolio-Woche an der Grundschule und die Elterngespräche, die von Schülern geleitet werden. Im gleichen Kapitel stellen wir Ihnen das von uns entwickelte Logbuch als Reflexions- und Planungshilfe der Schüler vor und beschreiben, warum und wie es den täglichen Umgang mit fachlichen und sozialen Zielen erleichtert. Da die Eltern für uns Erziehungs- und Bildungspartner sind, erklären wir, wie sie die Methode des „Lernens mit Zielen" im Interesse ihrer Kinder unterstützen können.

Während Kapitel 1 und 2 der Systematik des „Lernens mit Zielen" gewidmet sind, geben wir Ihnen in den **Kapiteln 3 und 4** einen **Einblick in die Unterrichts-Praxis**. Anhand von Lern- und Lehrsituationen aus dem fachlichen Unterricht zeigen wir in **Kapitel 3**, wie die **Portfolio-Arbeit sich in den einzelnen Fachbereichen** gestaltet. Berichte aus Unterrichtsprojekten und -einheiten unserer Fachlehrer sollen Sie zu eigenen Ideen anregen. In **Kapitel 4** finden Sie die **Dokumentation eines fächerübergreifenden Projekts**, mit deren Hilfe Sie nachvollziehen können, wie man fächerübergreifendes Arbeiten im Sinne des „Lernens mit Zielen" gestalten kann. Unser Regenwurm-Projekt ermöglichte kreative Unterrichts-Arbeit an ganz unterschiedlichen Fachzielen.

Zum Umgang mit diesem Buch

Um Ihnen die Methode des „Lernens mit Zielen" verständlich und nachvollziehbar nahezubringen, haben wir theoretische Ausführungen mit praktischen Beispielen verbunden. Dies setzte voraus, **Schwerpunkte** zu bilden, anhand derer Sie sich orientieren können:

▶ Wenn Sie sich für die **Grundlagen der Qualitätsarbeit** interessieren oder die Materie Ihnen ganz und gar neu ist, sollten Sie mit Kapitel 1 beginnen und sich durch das Buch führen lassen, denn Kapitel 1 und 2 legen gewissermaßen das Grundgerüst, sie beschreiben die Systematik des Lernens mit Zielen. Die in den Text eingelassenen Schemata, Abbildungen und Fotos sollen das Verständnis erleichtern und Hinweise für die praktische Umsetzung geben.

▶ Besitzen Sie **Vorkenntnisse in Hinblick auf „Lernen mit Zielen"** oder haben Sie sich bereits über die Arbeit mit Portfolios informiert, interessiert Sie vielleicht

vorwiegend die kreative Praxis. In diesem Falle sollten Sie sich die praxisnahen Kapitel 3 und 4 vornehmen, die sich auch zum Stöbern eignen und deren Lerngeschichten Ihre eigenen Ideen beflügeln können.

▶ Falls Sie die **Methode des „Lernens mit Zielen" bereits anwenden** oder in naher Zukunft anwenden werden, können Ihnen wiederum die Kapitel 1 und 2 ein nützliches Nachschlagwerk sein: Wie war das mit den Checklisten? Was muss ich bei Elterngesprächen beachten? Was tragen meine Schüler auf dem Zielauswertungsformular ein?

Über das Inhaltsverzeichnis gelangen Sie schnell zum entsprechenden Abschnitt. Was auch immer Ihr unmittelbares Interesse sein mag – wir hoffen, Ihnen mit unseren Erfahrungen nützen zu können, wünschen eine anregende Lektüre und viel Erfolg beim „Lernen mit Zielen".

Danksagung

Wir danken allen **Lehrern** und **Erziehern** der KLAX-Grundschule für ihr Engagement und ihre Unterstützung bei der Entwicklung unseres Portfolio-Konzepts. Ihre Anregungen, Fragen und Hinweise, die sie bei Workshops und bei der Verbesserung der täglichen Praxis einbrachten, halfen uns bei der Entwicklung des Konzepts. Sie sind es, die das Konzept tragen, es in ihrer Unterrichts-Arbeit Tag für Tag umsetzen und seine Weiterentwicklung mit uns vorantreiben. Wir danken allen **Schülern** und **Vorschülern** der KLAX-Grundschule, die durch ihren souveränen, nunmehr ganz alltäglichen Umgang mit Logbuch und Portfolio beweisen, dass unser Konzept aufgeht. Denjenigen Schülern, die uns ihre persönlichen Lernbeweise zur Verfügung stellten, sodass das Buch verständlicher und bunter wurde, sind wir zu besonderem Dank verpflichtet. Wir danken der **Elternschaft** der KLAX-Grund-

schule. Wir wissen die konstruktive Kritik zu schätzen, mit der sie die Einführung des Lernens mit Zielen an der Schule unterstützen.

Wir danken unseren **schwedischen Partnern** von der „Älta skola" in Stockholm. Mit unermüdlicher Geduld begleitet **Ann Karlberg** die Entwicklung unseres Portfolio-Konzepts. Ihre Workshops waren und sind eine Bereicherung für uns. Ihr Wissen und ihre langjährige Erfahrung beim „Lernen mit Zielen" und bei der Arbeit mit dem Portfolio helfen uns, unseren eigenen Weg zu gehen. Wir danken **Alexandra von Weber-Essle**, die nicht nur als Dolmetscherin dafür sorgte, dass wir uns in den Workshops und auf unseren Reisen nach Schweden verständigen konnten. Sie half uns auch gemeinsam mit ihrem Mann **Stefan Essle** bei der Vorbereitung der Reisen und begleitete uns zuverlässig.

Antje Bostelmann,
Berlin, im Januar 2006

Herausgeber und Autoren

▶ **Antje Bostelmann**, die Herausgeberin des Buches, ist Geschäftsführerin der KLAX gGmbH in Berlin, die 1990 gegründet wurde. Sie entwickelte das pädagogische Konzept des Trägers mit dem Ziel, die ganzheitliche Persönlichkeitsentwicklung von Kindern und Jugendlichen innerhalb verschiedener Einrichtungen optimal zu fördern und dadurch ihre sozialen, emotionalen und kommunikativen Kompetenzen zu stärken. KLAX unterhält in Berlin verschiedene Einrichtungen, darunter eine Kinderbildungswerkstatt, Kindergärten und eine Grundschule, und organisiert Weiterbildungskurse für Mitarbeiter und interessierte Erzieher, Pädagogen und Künstler.

▶ **Benjamin Bell**, Hauptautor des Buches, hat Erziehungswissenschaften und Germanistik studiert und promoviert derzeit an der Freien Universität Berlin. Seit 2004 arbeitet er im Bereich „Pädagogische Entwicklung und Prozesssteuerung" bei KLAX. Er ist verantwortlich für die Weiterentwicklung des pädagogischen Konzepts in der Grundschule.

▶ **Danna Stifel** ist Erzieherin und freischaffende Künstlerin. Mehrere Jahre lang war sie Atelierleiterin in einem KLAX-Kindergarten und arbeitet heute als freischaffende Künstlerin und Kursleiterin in der Grundschule.

▶ **Anke Ulbricht** ist Regionalleiterin Schule und Lernstufenleiterin der KLAX-Vorschule. Von 1981 bis 1997 arbeitete sie in verschiedenen kommunalen Kindergärten in Berlin und Brandenburg.

▶ **Nicole Pöpperl-Siebert** ist Erzieherin und arbeitete von 1995 bis 1999 in einem Elterninitiativhort. Seit 2000 arbeitet sie bei KLAX, anfangs im Kindergartenbereich und seit 2003 in der Eingangsstufe der KLAX-Grundschule.

▶ **Manuela Starting** ist seit 2003 Fachlehrerin für Mathematik in der Eingangsstufe der KLAX-Grundschule.

▶ **Susanne Schneider** arbeitete als Fotografieassistentin in Leipzig und Berlin. Seit 2004 ist sie Fachlehrerin für Kunst in der KLAX-Grundschule und kooperiert mit der KLAX-Kinderkunstgalerie.

▶ **Karin Spohn** unterrichtet Frühenglisch in der Eingangsstufe der KLAX-Grundschule.

▶ **Peter Illner** arbeitet seit 2003 als Bezugslehrer und Fachlehrer für Sachkunde an der KLAX-Grundschule.

▶ **Melanie Höhnk** unterrichtet seit 2004 die Fächer Philosophie, Deutsch und Geschichte an der KLAX-Grundschule.

▶ **Kathrin Stoll** ist seit 2002 Bezugslehrerin und Fachlehrerin für Deutsch in der Eingangsstufe der KLAX-Grundschule.

Kapitel 1

Grundlagen der Qualitätsarbeit

Lehren und Lernen nach dem Qualitäts-Kreis

Was ist mit Qualitätsarbeit in der Grundschule gemeint? Eigentlich ist es ganz einfach: **Qualitätsarbeit soll die Verantwortung des Schülers für seinen Bildungsprozess stärken.** Nicht allein der Lehrer beurteilt die Qualität der Leistungen, sondern der Schüler reflektiert seinen Lernprozess zunehmend selbstkritisch. Er übernimmt die Verantwortung für sein Lernen selbst und ist kein Objekt mehr, das „gebildet" wird, sondern lernendes Subjekt, das sich aktiv an der Steuerung seines Bildungsprozesses beteiligt.

> **Der Schritt von der Objekt- zur Subjekt-Pädagogik kann nur gelingen, wenn Lernziele personalisiert und den Schülern dadurch transparent gemacht werden. Das heißt: Ziele werden immer in der ersten Person Singular formuliert. Also: „Ich kann ..." Und nicht: „Du sollst ...".**

Die Qualitätsarbeit funktioniert nach dem **Qualitäts-** oder **PDSA-Kreis** (vgl. Abb. S. 15). Die Abkürzung steht für die englischen Wörter plan, do, study, act (planen, arbeiten, auswerten, handeln) und bezeichnet, auf die Pädagogik bezogen, einen kreisartigen Verlauf der Vorgehensweise beim Lehren und Lernen. Ausgangspunkt für die Planung des Unterrichts ist zum einen der Rahmen- bzw. Lehrplan und zum anderen die genaue Analyse dessen, was die Schüler tatsächlich können. Bevor man Ziele formuliert, muss man also wissen, welche Kompetenzen und Fähigkeiten die Schüler bereits erworben haben.
Die Schüler müssen Verständnis für die gesetzten Ziele entwickeln und lernen,

ihre Schritte und Wege zu planen, um diese Ziele zu erreichen. Das heißt, sie müssen zunächst begreifen, was sie lernen und worauf sie achten sollen, bevor sie mit der Arbeit beginnen. Dazu ist die Formulierung **konkreter Ziele** und **klarer Kriterien** notwendig. Die Angabe ungefährer Anforderungen ist nicht hilfreich.

Die Ziele der Schüler sind nicht beliebig, sondern basieren zum einen auf der Halbjahres- und Monatsplanung der Lehrerteams oder des einzelnen Fachkollegen und zum anderen auf der individuellen Analyse des Lernfortschritts. Beide Elemente greifen ineinander. Das heißt, dass die konkreten fachlichen Kernziele, an deren Erreichung die Schüler mit Unterstützung des Fachlehrers fortwährend arbeiten, nicht individuell verhandelbar sind. Schließlich ist es Aufgabe der Grundschule, möglichst alle Schüler beim Erwerb der Basiskompetenzen zu unterstützen. **Verhandelbar** ist lediglich der Weg, also die Art und Weise, wie und in welchen **Teilschritten** der einzelne Schüler ein für alle gesetztes Ziel erreicht.

Die Methode des **„Lernens mit Zielen"** geht grundsätzlich von den Fähigkeiten der Schüler aus. Mit Hilfe des Portfolios ist es möglich, jedem Schüler zu spiegeln, was er kann und welche Fortschritte er gemacht hat.
Die Portfolio-Methode – wir stellen sie im 2. Kapitel vor – dient dazu, die Einschätzungen der Schüler und Lehrer zu objektivieren. Sie ermöglicht es, bei gleichen Zielen für alle einen **individuellen Arbeitsplan** für jeden einzelnen Schüler zu erarbeiten und ihn so auf der Basis seiner individuellen Kompetenzen zu fördern.

Der **Qualitäts-Kreis** für die Umsetzung der pädagogischen Arbeit bei KLAX:

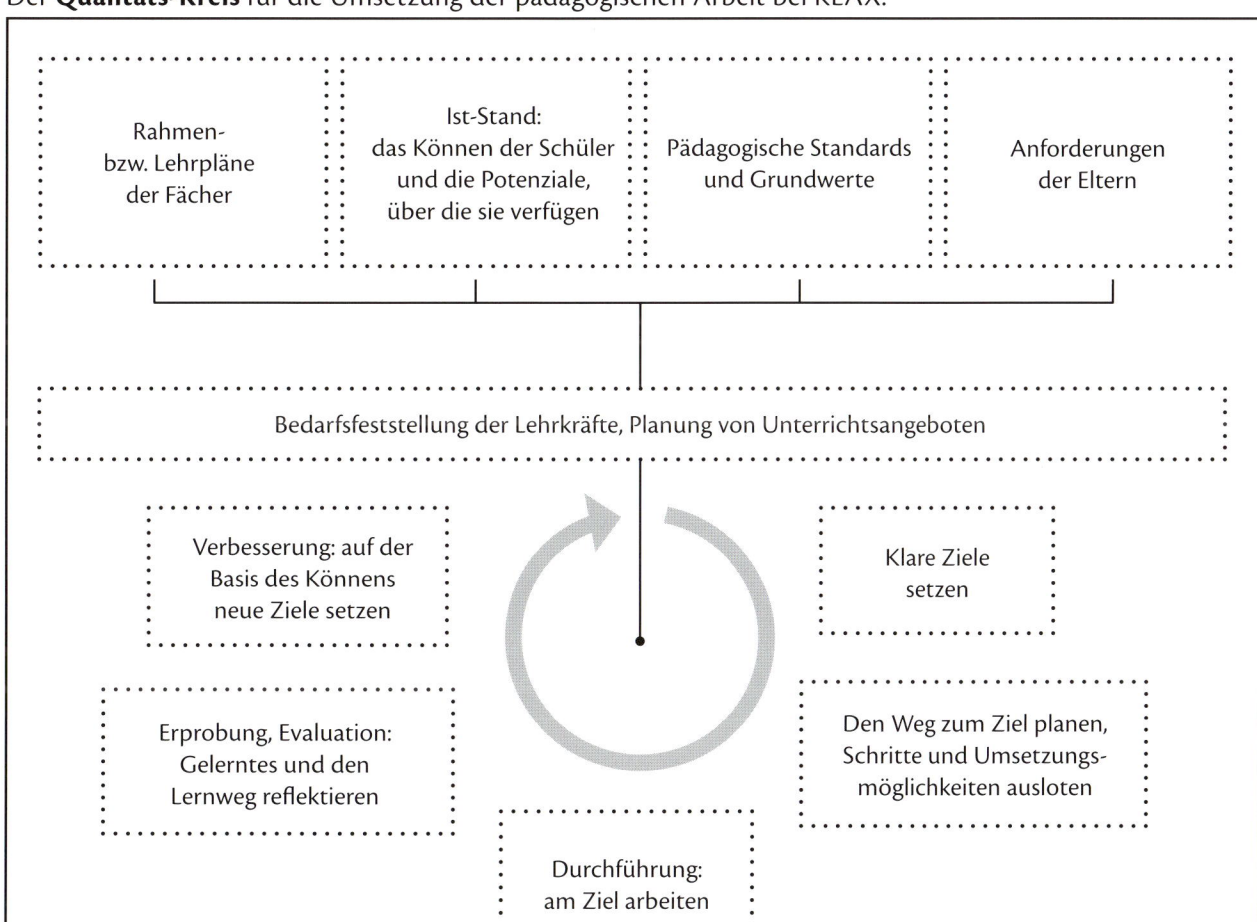

Was sind smarte Ziele?

Wenn man die Methode des „Lernens mit Zielen" erfolgreich in der Grundschule anwenden möchte, muss man zunächst eine wesentliche Frage klären: **Was ist ein Ziel?** Keine schwierige Frage, denken Sie, und es fallen Ihnen gleich eine Menge Antworten ein. Wir haben jedoch anfangs die Erfahrung gemacht, dass es uns oft nicht gelang, das Ziel eines Lernprozesses klar einzugrenzen und präzise zu formulieren, weil wir den Begriff „Ziel" nicht klar definiert hatten: Welche Kompetenz soll von den Schülern erworben werden? Vor allem machten wir am Anfang häufig den Fehler, das Ziel mit

dem Weg zu verwechseln, den der Lernende gehen kann, um es zu erreichen.
Es ist also nötig, präzise zu sein und genau zu definieren, wie man Ziele formuliert. Denn Schüler und Lehrer müssen wissen, was das **Ergebnis eines Lernprozesses** sein soll, damit sie gemeinsam überlegen können, wie dieses Ergebnis erreicht werden kann.

Ein Ziel beschreibt immer einen Zustand, der am Ende eines Prozesses erreicht werden soll.

Zum besseren Verständnis ist die folgende **Metapher** hilfreich:

Den Gipfel eines Berges kann ich auf unterschiedlichen Wegen erreichen. Ich kann zu Fuß gehen, mit der Seilbahn fahren oder den Helikopter benutzen. Aber: Mein Ziel ist nicht die Fahrt mit der Seilbahn oder der Fußmarsch. Sie sind lediglich Mittel, um das Ziel zu erreichen.

Das Ziel muss deutlich formuliert werden: **„Ich will den Gipfel des Berges erreichen."**

Maßnahmen, um dieses Ziel zu erreichen, könnten sein: Ich fahre mit der Seilbahn. Ich nehme den Helikopter. Ich wandere auf den Berg. Welchen Weg ich schließlich wähle, das ist abhängig von den äußeren Gegebenheiten (z.B.: Die Seilbahn fährt nicht) und meinen persönlichen Kompetenzen (z.B.: Angst vorm Fliegen oder Ausdauer bei Fußmärschen).

Lehrer und Schüler vereinbaren gemeinsam ein Ziel und legen den Weg fest, auf dem es im Verlauf der Woche erreicht werden kann

Je nach individuellen Fähigkeiten gibt es also viele Möglichkeiten, um den Gipfel des Berges zu erreichen. Es kommt nun darauf an, herauszufinden, welche der Möglichkeiten – unter Berücksichtigung der individuellen Fähigkeiten und äußeren Umstände – am sinnvollsten erscheint. Ähnlich ist es bei Schülern, die im Laufe ihrer Grundschulzeit Kompetenzen erwerben wollen und sollen:

Nur wenn das Ziel klar ist, kann man sich auf einen Lernweg einigen und bestimmte Etappen gemeinsam abstecken. Allerdings nutzt es gar nichts, sich Ziele zu setzen, die zunächst in unerreichbarer Ferne liegen. Deshalb sollten alle Ziele dem Prinzip **SMART** entsprechen. Der Begriff ist eine Abkürzung:

S = **spezifisch,**
M = **messbar,**
A = **akzeptiert,**
R = **realisierbar,**
T = **terminiert, also zeitbegrenzt.**

Und der Schüler muss in der Lage sein, sie durch selbstorganisierte, vom Lehrer begleitete Schritte erreichen zu können. Er braucht also aktive Ziele.

Ob ein Ziel erreicht wurde, das darf nicht nur für den Lehrer „messbar" sein und eine Beurteilung oder Bewertung erlauben, sondern vor allem für den Schüler: Er soll in Absprache mit dem Lehrer selbst einschätzen können, ob und auf welche Weise er sein Ziel erreicht hat. Diese Transparenz ist unabdingbar, denn nur auf ihrer Grundlage kann der Schüler seine eigenen Arbeiten auswerten, seinen Lernprozess reflektieren und überlegen, was er besser machen könnte.

Die Schüler müssen das Ziel kennen, bevor sie mit der Arbeit daran beginnen. Aufgabe des Fachlehrers ist es, das Ziel einleitend vorzustellen und das zur Bearbeitung notwendige Basiswissen zu vermitteln. Kinder müssen wissen, was genau von ihnen erwartet wird:

▶ **Worauf kommt es an?**
▶ **Was sind die Kriterien für gute Arbeit?**
▶ **Woran erkenne ich, dass ich mein Ziel erreicht habe?**

Nur wenn diese Fragen präzise beantwortet werden, haben Kinder eine klare Orientierung, mit deren Hilfe sie ihren Lernprozess steuern können.

Ziele sollten zudem immer in überschaubare Etappen – also in **Teilziele** – gegliedert werden, anhand derer die Kinder ihre Fortschritte wirklich erkennen können. Es ist nicht leicht, Ziele so zu formulieren, dass Schüler auf die Frage nach der Erreichung mit einem klaren „Ja" oder „Nein" antworten können. Um für Schüler, Lehrer und Eltern transparent machen zu können, warum ein Ziel erreicht wurde, muss es belegbar oder abrechenbar sein. Alle am Bildungsprozess Beteiligten sollen anhand von **Lernbelegen** und **Beweisen** erkennen können, dass ein Ziel tatsächlich erreicht wurde. Als Grundsatz gilt, dass alle Dokumente der Zielerreichung, die eine deutliche Entwicklung sichtbar machen, in die Portfolios der Schüler aufgenommen werden. Im Gespräch mit dem Fachlehrer begründen die Kinder ihre Auswahl anhand der vereinbarten Qualitätskriterien, auf die wir später noch eingehen werden.

> **Ziele sind nur aktiv, wenn die Schüler selbst etwas tun müssen, um sie zu erreichen. Deshalb werden Ziele immer in der ersten Person Singular, also in der Ich-Form formuliert.**
> **Jedes Ziel beinhaltet die Frage nach der angestrebten Fähigkeit, nach dem „Was" des Lernens: Was will ich lernen? Was will ich erreichen?**

Kann eine Formulierung mit **Wie?** oder **Womit?** hinterfragt werden, gibt sie kein Ziel an, sondern einen Weg, einen Schritt, also eine Maßnahme.
Diese Unterscheidung ist wesentlich für das „Lernen mit Zielen". Um die eigene Arbeit gemeinsam mit dem Lehrer planen und auswerten zu können, müssen die Schüler in der Lage sein, das Ziel von möglichen Maßnahmen zu unterscheiden.

Voraussetzungen für neue Ziele

Schüler befinden sich auf unterschiedlichen Leistungsständen. Einer erreicht ein Ziel bereits selbstständig und kann im Gespräch mit dem Lehrer nachweisen, dass er alle Kriterien erfüllt. Ein anderer erfüllt nur einige Kriterien und erreicht das Ziel noch nicht. Während der erste Schüler sich ein neues Ziel setzt, muss der Lehrer mit dem zweiten Schüler Maßnahmen festlegen, wie das erste Ziel erreicht werden kann.
Die unterschiedlichen Entwicklungs- und Lernstände der Schüler müssen zunächst vom **Fachlehrer** festgestellt werden. Jedem Lehrer ist klar, dass die Kinder im Laufe ihrer Schulzeit bestimmte Kompetenzen erwerben sollen, die durch die Rahmen- bzw. Lehrpläne vorgegeben sind. Aus diesen Plänen gehen jedoch meist lediglich fach-

spezifische Anforderungen hervor, die sich an den einzelnen Jahrgangsstufen ausrichten. Das Problem ist also: Ein Rahmen- bzw. Lehrplan setzt immer voraus, was die Schüler eines bestimmten Alters können müssen, und baut seine Anforderungen darauf auf. Eine Aussage darüber, was eine Schülergruppe tatsächlich gelernt hat, welches Wissen gefestigt ist, können nur diejenigen Lehrer treffen, die diese Gruppe auch unterrichten. Deshalb sind konkrete fachliche Ziele nötig, die den Abgleich zwischen den berechtigten Anforderungen des Rahmen- bzw. Lehrplans und dem tatsächlichen Können der Schüler ermöglichen. Sie werden aus dem Rahmen- bzw. Lehrplan generiert und orientieren sich am Ist-Stand der Klasse oder Schülergruppe.

Gemeinsam analysieren die Fachlehrer den Ist-Stand ihrer Schüler in Hinblick auf deren Kompetenzen und Lernleistungen und formulieren im Anschluss daran klare Ziele auf den Checklisten (vgl. Abb. S. 19).

Insofern stellen die Zielformulierungen eine **Konkretisierung und Anpassung der Rahmen- bzw. Lehrpläne für alle Schüler** dar. Die Maßnahmen, um diese Ziele zu erreichen, – Schritte, Wege und Mittel – werden individuell verhandelt und geplant, also am Leistungsstand des einzelnen Schülers ausgerichtet.

Mit zunehmendem Alter lernen die **Schüler**, ihre Maßnahmen selbstständig zu planen. Dabei gehen sie in **Etappen** vor. Die Bestimmung der Etappen ist Teil der individuellen Arbeitsplanung:

▶ **Welche Schritte muss ich gehen, um das Ziel zu erreichen?**

▶ **Was muss ich dazu noch lernen?**

Will der **Lehrer** herausfinden, was die Kinder gelernt haben, was sie wirklich können, kann er sich nicht allein auf ein Klassenbuch stützen, in das Zensuren eingetragen sind. Bezieht er sich jedoch direkt auf die Arbeitsergebnisse der Schüler, die in den Portfolios vorliegen, kann er anhand der einzelnen Arbeiten nachvollziehen, welche Entwicklung ein Schüler im Laufe des Schuljahres genommen hat.

Auf **Fachkonferenzen** werden die Lernleistungen der Schülergruppe besprochen und mit den Anforderungen des Rahmen- bzw. Lehrplans abgeglichen. Aus diesem Abgleich generieren sich die konkreten fachspezifischen Ziele für das kommende Schulhalbjahr. Damit auf den Fachkonferenzen konstruktive Ergebnisse erzielt werden können, muss jeder Fachlehrer sich mit jeweils geeigneten Diagnoseinstrumenten einen Überblick über das Wissen und Können seiner Schüler verschaffen:

▶ **Was können die Schüler?**

▶ **Welche Indikatoren zeigen an, dass die Schüler sich weiterentwickelt haben?**

▶ **Welche Ziele wurden von den Schülern erreicht?**

Die **Fachlehrer** müssen im Vorfeld also den Lern- und Leistungsstand der Klasse oder Schülergruppe, bezogen auf ihr Fach, ermitteln. Neben den Portfolios, die die Fachlehrer zur Beurteilung des Leistungsstandes der Schüler heranziehen, werden Entwicklungseinschätzungen auf Grundlage von Einzel- und Gruppenbeobachtungen sowie Ergebnisse aus Testsituationen als Diagnoseinstrumente genutzt.

> **Die Planung trägt also individuellen Charakter, während die Ziele generellen Charakter tragen – schließlich sollen alle Schüler sie erreichen können.**

Checklisten und wie man sie entwickelt

Für die Einschätzung des Lernstandes einer Gruppe benötigt der Lehrer Zeit und den Austausch mit Fachkollegen. Deshalb sollten sich alle Lehrer mindestens einmal im Halbjahr zu einer Fachkonferenz zusammenfinden. Ergebnis dieser Konferenz sind **Lehrer- und Schüler-Checklisten** mit den konkreten Zielen für das kommende Schulhalbjahr, die den individuellen Lern- und Leistungsstand der Schüler berücksichtigen.

Das heißt: Nach Abschluss der Fachkonferenz liegen für jedes Unterrichtsfach **fachbezogene Checklisten** mit den Kernzielen des kommenden Jahres vor. Anhand dieser Checklisten kann mit der Grobplanung des fachlichen Unterrichts begonnen werden. Während der Fachkonferenz werden die Ergebnisse der Ist-Stand-Analyse mit den Rahmen- bzw. Lehrplanvorgaben abgeglichen und Ziele generiert. Diese Ziele werden zunächst den einzelnen Fächern zugeordnet und – wenn möglich – in eine progressive Reihe gebracht. Das heißt, die Lehrer müssen sich nicht nur gemeinsam darüber klarwerden, was in der Klasse oder Schülergruppe gelernt werden soll, sondern auch, welche fachlichen Ziele dabei Priorität haben, weil sie für die Erreichung anderer Ziele notwendige Voraussetzung sind.

Beachtet werden muss – und das ist nicht leicht – dass die **Checklisten für die Schüler** keinerlei Maßnahmen enthalten dürfen, sondern lediglich die klar formulierten, verständlichen Ziele, die für die Klasse oder Schülergruppe im kommenden Schulhalbjahr „maßgeschneidert" wurden.

Natürlich können Schüler ihrer individuellen Lerngeschwindigkeit entsprechend den auf der Checkliste festgehaltenen Zielen des Halbjahres voraus sein oder hinterherhinken. Doch individualisiertes Arbeiten mit Levels ermöglicht es den Lehrkräften, wie wir auf S. 30 ff. noch sehen werden, den mitunter großen Leistungsspannen innerhalb einer Schülergruppe oder einer Klasse gerecht zu werden.

Beispiel einer Schüler-Checkliste
(Eine Kopiervorlage finden Sie auf S. 116)

Die Checklisten bilden die Grundlage für die pädagogische Planung des Halbjahres und die konkrete Unterrichtsvorbereitung des Fachlehrers. Mit Hilfe der Kernziele kann er für bestimmte Unterrichtseinheiten Teilziele formulieren und im Anschluss daran Themen didaktisch aufbereiten. Sinnvoll – aber nicht immer realisierbar – ist die fächerübergreifende Planung des Unterrichts.

Damit die Schüler die Arbeit an den Zielstellungen in einem Lernzusammenhang erleben und ein Bewusstsein dafür entwickeln, dass erworbene Kompetenzen vielfältig und über Fachgrenzen hinaus einsetzbar sind, entwickeln die Pädagogen übergreifende Themen, anhand derer die Fachziele bearbeitet werden. Beispiele für fächerübergreifende Projekte finden Sie im vierten Kapitel. Neben den Schüler-Checklisten werden auf der Fachkonferenz auch **Lehrer-Checklisten** aufgestellt. Was ist der Unterschied zwischen beiden Listen?

Während die Schüler-Checklisten ausschließlich Zielformulierungen enthalten, gibt es auf den Lehrer-Checklisten eine Spalte, in der die Kriterien festgehalten werden, anhand derer der Pädagoge sehen kann, ob ein Ziel erreicht wurde.

Da diese **Kriterien** den Schülern erst dann vermittelt und mit ihnen besprochen werden sollten, wenn an dem jeweiligen Ziel gearbeitet wird, ist es **nicht** sinnvoll, sie auf den Listen der Schüler zu vermerken – sie verwirren nur.

Für die **Planung der Unterrichtsangebote** ist es notwendig, dass die Lehrer sich während der Erarbeitung der Checklisten bereits Gedanken darüber machen, wie sie die gesetzten Ziele umsetzen und überprüfen können. Denn die Checklisten sind der Ausgangspunkt für die tägliche Vorbereitung der Lernangebote. Wenn die Kriterien klar formuliert und mit den Fachkollegen besprochen wurden, kann objektiv eingeschätzt werden, welche Leistungen im Vergleich dazu der einzelne Schüler erbracht hat. Die Erarbeitung von individuellen Arbeitsplänen mit den einzelnen Schülern fällt dann wesentlich leichter.

Welche Kompetenzen ein Schüler erwerben soll, ist grundsätzlich durch den Rahmen- bzw. Lehrplan vorgegeben. Daher werden die fachspezifischen Ziele einmal im Halbjahr auf der einwöchigen Fachkonferenz der Pädagogen der KLAX-Grundschule aus den Rahmen- bzw. Lehrplänen der einzelnen Fächer generiert und in Form von Checklisten für die Schüler verständlich in „Ich-Form" festgehalten. Diese Listen enthalten die **Ziele der verschiedenen Fächer**, die für alle Schüler der entsprechenden Jahrgangsstufe gleichermaßen gelten. Folgende Fragen müssen daher auf der Fachkonferenz beantwortet werden:

Auszug einer Lehrer-Checkliste (Eine Kopiervorlage finden Sie auf S. 118)

Checkliste für das Fach Mathematik

Auf dieser Checkliste befinden sich alle auf der Fachkonferenz vom 27.06.05 bis 01.07.05 vereinbarten Ziele für das laufende Schulhalbjahr.

Diese Fachziele sind gültig für das erste Schulhalbjahr 2005/2006, Lernstufe: 3, Bezugsgruppe:

Nr.	Fachziele	Kriterien Was beinhaltet das Fachziel? Worauf kommt es bei der Bearbeitung des Fachziels grundsätzlich an? Woran können Schüler und Fachlehrer erkennen, dass das Ziel erreicht wurde?
1	Ich kann bis 100 sicher auf verschiedenen Wegen addieren und subtrahieren.	- Rechenwege bei der Addition - Rechenwege bei der Subtraktion - Sachaufgaben - Ergänzen - Verdoppeln und Halbieren im Hunderter
2	Ich kann mit Hilfsmitteln multiplizieren und dividieren.	- Aufgaben des kleinen Einmaleins wiederholt rechnen und automatisieren - Einführung des Malkreuzes - Einmaleins mit Meterquadraten - Multiplikation und Division als Umkehroperationen herausarbeiten - Wh Division mit und ohne Rest
3	Ich kann mit Geld rechnen. (Kommaschreibweise)	- Kommaschreibweise bei Geld - mit Geld rechnen - Sachaufgaben
4	Ich kann verschiedene Körper mit ihren Ecken, Kanten und Flächen benennen und selbst formen.	- mit Würfeln bauen - Flächen- und Körperformen in der Umwelt erkennen und beschreiben - Kantenmodelle der Körper nachbauen und untersuchen - Würfelnetze

▶ **Was sollen die Schüler nach Abschluss der Jahrgangsstufe können?**

▶ **Welches sind die konkreten Ziele für das kommende Halbjahr?**

Nach jedem Halbjahr müssen die Checklisten bezüglich ihrer Aktualität diskutiert und erneut mit den Rahmen- bzw. Lehrplänen für die einzelnen Fächer abgeglichen, überarbeitet und ergänzt werden. Alle Schüler erhalten vom Fachlehrer **zu Halbjahresbeginn** die aktuelle Checkliste mit den neuen fachbezogenen Zielen. Der Fachlehrer erläutert die Liste, und sie wird in das Portfolio geheftet. Außerdem werden die Fachziele für das laufende Halbjahr in schriftlicher Form und für alle Schüler sichtbar im Fachraum ausgehängt.

Während der Arbeit hält der Fachlehrer die Ziele für die Schüler präsent, indem er immer wieder mit ihnen über den Lernprozess spricht und darauf verweist, an welchem **übergeordneten Ziel** gerade gearbeitet wird. Das **fachliche Ziel**, an dem die Schüler in den nächsten Wochen arbeiten sollen, wird in für sie nachvollziehbare und verständliche **Teilziele** aufgegliedert, die der Lehrer mit ihnen im Fachunterricht bespricht.

Die Ziele bauen aufeinander auf. Damit dies auch den Schülern deutlich wird, kann der Lehrer mit Veranschaulichungen wie Webteppichen, Schlangen, Raupen, Pyramiden etc. arbeiten, in denen das Hauptziel am Kopf oder an der Spitze und die Teilziele nacheinander in einzelnen Abschnitten eingetragen werden.

Die **Checklisten für Teilziele** erhalten die Schüler jeweils zu Beginn der Arbeit mit dem neuen Teilziel. Ist ein Schüler nach dem Auswertungsgespräch mit dem Fachlehrer sicher, ein Teilziel erreicht zu haben, kreist er das entsprechende Element auf dem Bogen ein und arbeitet am folgenden Teilziel weiter. Der Fachlehrer bestätigt die Zielerreichung mit Datum und Kürzel auf der Checkliste.

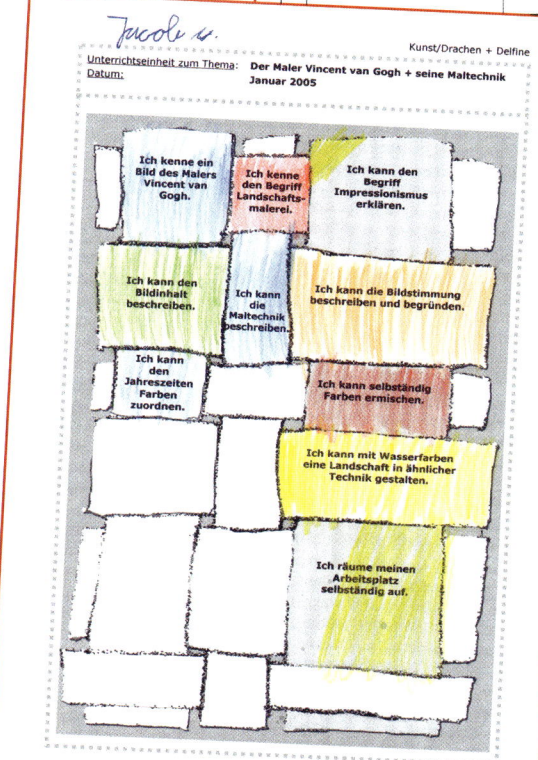

Beispiel einer Schüler-Checkliste für den Deutschunterricht

Beispiel einer Teilziel-Checkliste für das Fach Kunst

Der Wertegrund und die sozialen Ziele

Was ist ein Wertegrund? Wie generiert man daraus soziale Ziele für die Klasse oder Schülergruppe? In der Schule treffen täglich viele Menschen aufeinander: Kinder, Eltern, Lehrer, Erzieher. Sie haben unterschiedliche Erwartungen an die Schule, unterschiedliche Bedürfnisse und voneinander abweichende Interessen. Die Pädagogen haben die Aufgabe, diese Erwartungen, Bedürfnisse und Interessen miteinander und mit dem Bildungsauftrag der Schule sowie mit ihrer konzeptionellen Ausrichtung in Einklang zu bringen.

Gerade bei offenen Unterrichts- und Lernformen ist es wichtig, sich an gemeinsame Regeln zu halten

Selbstreflektiertes Lernen erfordert Freiraum, der von Schülern, Lehrern und Eltern verantwortungsvoll gestaltet werden muss. Bei KLAX nennen wir das „Freiheit in Verantwortung" und verstehen darunter, dass wir uns auf **gemeinsame Werte und Grundsätze verständigen** und uns an vereinbarte **Regeln** halten. In der KLAX-Schule haben wir in Form eines Wertegrundes vereinbart, wie alle Beteiligten miteinander umgehen möchten.

> **Im Wertegrund werden Vereinbarungen festgehalten, über deren Einhaltung sich Pädagogen, Schüler und Eltern einig sind, weil sie sie als Grundlage für ein angenehmes Miteinander in der Schule verstehen.**

Alle Beteiligten sind sich einig: Nur, wenn wir uns an diese selbst gestellten Abmachungen halten, kann die Schule ihren Auftrag gut erfüllen. Die Abmachungen im Wertegrund sind somit der Nährboden für fruchtbare pädagogische Arbeit.

Beim Aufstellen des Wertegrundes sollten Sie folgende **Regeln** beachten:

▶ **Wertegründe sind eine Vereinbarung, kein Erlass von oben.**
Die Pädagogen haben zwar die Aufgabe, die Formulierung eines Wertegrundes voranzutreiben, dürfen den Wertegrund aber nicht vorschreiben, sondern unterbreiten Vorschläge, die von allen Beteiligten diskutiert werden. Auch die Schüler und Eltern sind aufgefordert, Vorschläge zu machen, was in den Wertegrund aufgenommen werden soll.

> **Wertegründe müssen den pädagogischen Auftrag der Einrichtung unterstützen. Bei der Wertegrund-Diskussion haben die Pädagogen die Aufgabe, darauf zu achten, dass getroffene Abmachungen die Umsetzung des Schulkonzeptes unterstützen und dem Bild vom Kind entsprechen.**

▶ **Ein Wertegrund sollte so formuliert werden, dass ihn alle Beteiligten als eigene Aufgabe begreifen.**

Dafür eignet sich die Wir-Form: „Wir bieten anderen Menschen Hilfe an." Negativformulierungen wie „Wir prügeln uns nicht" gehören nicht in den Wertegrund, denn sie beschreiben keine positiven Handlungen, sondern beziehen sich auf das Vermeiden unerwünschter Verhaltensweisen. Eine bessere Formulierung wäre: „Konflikte klären wir mit Worten und versuchen, den anderen Menschen zu verstehen."

▶ **Jede Formulierung des Wertegrundes soll Schüler, Lehrer und Eltern ansprechen und herausfordern.**

Sind die Abmachungen beschlossen, gelten sie für alle Beteiligten gleichermaßen. Deshalb sollte vermieden werden, Abmachungen zu treffen, die allein das Verhalten der Schüler betreffen.

▶ **Ein Wertegrund wird wie ein Vertrag vereinbart.**

Alle Beteiligten unterschreiben ihn oder stimmen ihm in einer offenen Abstimmung zu. Dazu eignen sich Teamsitzungen für die Pädagogen, Schülerkonferenzen und die Elternversammlung. Ist er beschlossen, wird der Wertegrund für alle sichtbar in der Schule ausgehängt. Damit auch lesenlernende Schüler ihn verstehen, ist es hilfreich, mit Symbolen zu arbeiten.

▶ **Wertegründe müssen sich ändern, wenn sich die Verhältnisse ändern.**

Deshalb sollten Sie sich jedes Jahr Zeit nehmen, um den Wertegrund mit Schülern, Kollegen, und Eltern erneut zu diskutieren und ihn den aktuellen Erfordernissen anzupassen.

> **Der Wertegrund bildet für die Schüler die Basis, auf der soziale Ziele vereinbart werden.**

Beispiel aus der KLAX-Grundschule: Schulregeln

Schulregeln der Eingangsstufe

1) Wir gehen respektvoll miteinander um.

2) Bei „Stopp!" ist Schluss.

3) Die Schulräume werden erst betreten, wenn die eigene Lernzeit beginnt.

4) Wir erscheinen pünktlich zum Unterricht mit unserem Logbuch und unserer Federtasche.

5) Wir gehen im Schulhaus leise und rücksichtsvoll.

6) Kinder, die Hofzeit haben, gehen nur mit einem Betreuer nach draußen. Sie dürfen nicht alleine in den Schulräumen bleiben.

7) Bäume und andere Pflanzen werden geschützt und gepflegt.

8) Gegessen und getrunken wird nur in der Cafeteria und im Familiencafé. In der Cafeteria dürfen sich Kinder nur vor dem Tresen aufhalten. Alle Kinder räumen ihren Essplatz selbst ab.

9) Süßigkeiten und andere Lebensmittel werden nicht mit in die Schule gebracht.

10) In der Garderobe hält jeder Ordnung und achtet auf seine eigenen Sachen sowie auf die seiner Mitschüler. Wir ziehen uns zügig und leise um.

11) Materialien der Schule werden sorgfältig und ressourcenbewusst behandelt und an den Ort zurückgelegt, wo sie hingehören. Wir gehen achtsam und ordentlich mit dem Eigentum der Schule um.

12) An jedes Eigentumsfach geht nur der Eigentümer. Jeder Schüler nutzt zum Arbeiten seine eigene vollständig ausgestattete Federtasche.

13) Bevor wir elektronische Geräte benutzen, fragen wir einen Pädagogen.

14) Spielzeuge dürfen nur am Freitag mitgebracht werden. Jeder ist für sein eigenes Spielzeug verantwortlich. Wir bringen keine elektronischen Geräte mit.

15) Jeder beherzigt, was Pädagogen, Schutzengel, Trenner und Tröster sagen.

16) Im Ruheraum ruhen wir uns aus und entspannen uns. Jeder lässt dem anderen seine Ruhe.

17) Über das Wochenende wird das Logbuch zwischen Kindern und Eltern ausgewertet und die Federtasche auf Vollständigkeit überprüft.

18) Das Schulgelände darf während der Schulzeit nicht verlassen werden.

Januar 2005

Wertegrund der Eingangs- und Mittelstufe der KLAX - Grundschule

Jeder ist wichtig.

Wir kennen unsere eigenen Stärken und Schwächen.
Wir gehen mit Fehlern und Kritik vernünftig um.
Wir bieten anderen Hilfe an.
Wir nehmen von anderen Hilfe an.
Wir halten die Gesprächsregeln ein.
Wir gehen Probleme mutig und gelassen an.
Wir suchen ausdauernd nach Lösungen.
Wir trauen uns, eigene Ideen zu suchen, zu finden und ihnen zu folgen.
Wir sorgen selbst für das eigene Lernen.
Wir pflegen und achten unsere Lernumgebung.
Wir leisten auch gemeinsam gute Arbeit (Partnerarbeit, Gruppenarbeit).
Wir arbeiten ordentlich.
Wir halten die Schulregeln ein.

Beispiel aus der KLAX-Grundschule: Der Wertegrund

Soziale Ziele generieren sich aus dem gemeinsamen Wertegrund der Schule oder Klasse und aus den Schulregeln. Sie müssen in einer klaren, den Schülern verständlichen Sprache formuliert und durch Symbole verdeutlicht werden. Die Pädagogen einigen sich darauf, welche sozialen Ziele für welche Altersstufe Priorität haben sollten, und beziehen bei der Festlegung ihre Beobachtungen und Erfahrungen hinsichtlich der aktuellen Situation ein.

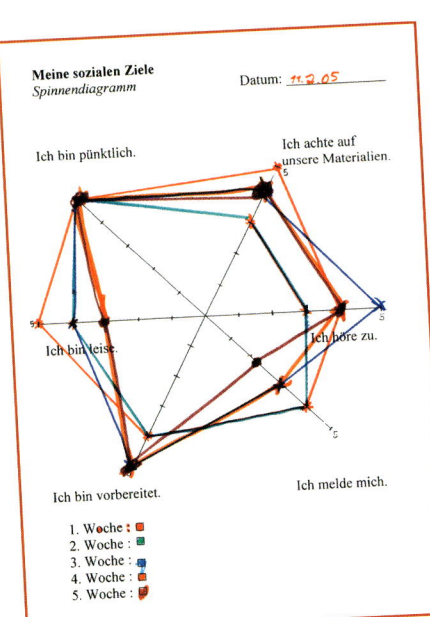

(Eine Kopiervorlage finden Sie auf S. 117)

Weil jüngere Schüler nicht immer alle sozialen Ziele zugleich im Blick haben können, sollte alle 14 Tage auf ein oder zwei Ziele besonders geachtet und an deren Erreichung gearbeitet werden. Dazu eignen sich auch Ziele wie: „Ich kann arbeiten, ohne zu stören" oder „Ich kann pünktlich sein".

Soziale Ziele werden präsent gehalten, indem sie zum Beispiel am Ende einer Lerneinheit mit der Gruppe besprochen werden: „Welches soziale Ziel haben wir heute beachtet?"

Da die sozialen Ziele im Schulalltag präsent sein sollen, werden sie fächerübergreifend beschlossen.

> **Beispiel:**
> *„Ich kann anderen Menschen zuhören" ist nicht nur ein Ziel für das Kommunikationstraining im Deutschunterricht, sondern gilt für alle Lernsituationen.*

Für die Auswertung sozialer Ziele eignen sich **Spinnendiagramme**, denn auf ihnen wird farblich sichtbar, ob und inwieweit die Schüler meinen, ihr soziales Ziel erreicht zu haben. Mit Hilfe der Diagramme können bereits jüngere Schüler lernen, sich einzuschätzen und über ihr soziales Verhalten nachzudenken.

Wie funktioniert das Spinnendiagramm?

Am Endpunkt jeder Skala schreibt der Schüler sein Ziel ein. Der Übersichtlichkeit halber sollten die Schüler nicht mehr als 4 – 5 Ziele hineinschreiben. Die Skala bildet dann jeweils den Weg zum Ziel ab und der Schüler kreuzt an, wo er glaubt, sich zu befinden. Teilen Sie jede Skala in fünf gleiche Abschnitte ein. Bei älteren Schülern können es auch bis zu zehn Abschnitte pro Skala sein. Bei seiner Einschätzung geht der Schüler dann immer vom Mittelpunkt des Gesamtdiagramms aus, also von dort aus, wo sich die einzelnen Skalen kreuzen. Wenn er meint, bei einem Ziel besonders weit zu sein, kreuzt er es weit oben in Richtung des Ziels an. Wenn er aber selbstkritisch eingesteht, noch nicht besonders auf das Ziel geachtet zu haben, so macht er sein Kreuz in der Nähe des Spinnenzentrums, also am Anfang der Skala. Danach verbindet er die Kreuze miteinander. Sinnvoll ist es, für jede Woche eine andere Farbe zu verwenden. Durch die verschiedenen Farben sieht der Schüler schnell, bei welchen Zielen er sich verbessert und bei welchen er etwas nachlässiger gewesen ist.

Generelle Ziele und individuelle Arbeitspläne

Die **Ziele auf den Checklisten** tragen zunächst keinen individuellen, sondern generellen Charakter; sie gelten für alle Schüler gleichermaßen. Anzustreben ist, dass die Schüler nach Abschluss ihrer Schulzeit über annähernd gleiche Basiskompetenzen verfügen. Deshalb werden Ziele nicht beliebig gesetzt oder gewählt. Wenn von individuellen Zielen gesprochen wird, so bezieht sich das immer auf **Teilziele**, auf Etappen, die ein Schüler sich in Absprache mit dem Lehrer setzt, um das generelle fachliche Ziel, das die Checkliste im Portfolio ausweist, zu erreichen. Bevor ein Schüler selbstständig an einem Ziel arbeitet, kann der Fachlehrer mit ihm einen **individuellen Arbeitsplan** aufstellen, der festhält, bis wann der Schüler welche Teilziele erreichen und wie er dabei vorgehen will. Das erleichtert die selbstständige Arbeit und strukturiert die Vorgehensweise.

Beispiel eines individuellen Arbeitsplanes zum Thema „Rittergeschichten" (Eine Kopiervorlage finden Sie auf S. 119)

Bei der Arbeit mit den Checklisten soll der Schüler nach und nach begreifen, dass Ziele aufeinander aufbauen. Erst wenn ein Ziel erreicht worden ist, kann der Schüler den nächsten Schritt gehen und sich ein neues Ziel setzen. Denn um die Ziele der nächsthöheren Ebene zu erreichen, braucht der Schüler Fähigkeiten, die er erst erwerben muss.

> **Beispiel:**
> Das Ziel „Ich kenne von jeder Zahl bis 100 den Vorgänger und den Nachfolger" erreicht zu haben ist eine Voraussetzung dafür, dass das Ziel der höheren Ebene „Ich kann im Zahlenraum bis 100 schriftlich addieren" erreicht werden kann.

Ob ein Ziel erreicht wurde, ist anhand der **vereinbarten Kriterien** objektiv messbar.

> Vor Beginn der selbstständigen Arbeit am Ziel müssen dem Schüler Ziel und Kriterien klar sein. Danach können Teilziele in einem individuellen Arbeitsplan zwischen Lehrer und Schüler vereinbart werden. Ziele und Vereinbarungen werden zudem im Logbuch dokumentiert, das wir in Kapitel 2 auf S. 53–61 vorstellen.

Um einen individuellen Arbeitsplan festlegen zu können, muss der Lehrer wissen, wo der Schüler steht. Bei neuen Schülern muss er sich deshalb in den ersten Wochen des Schulhalbjahres mittels geeigneter Diagnoseinstrumente ein Bild über den Entwicklungsstand des Schülers machen. Dazu gehört auch die Schüler-Beobachtung:

▶ **Was kann der Schüler bereits?**
▶ **Wo hat er Schwierigkeiten?**
▶ **Wie verhält er sich in bestimmten Lernsituationen und Gruppenkonstellationen?**

Um die vorhandenen Kompetenzen zu ermitteln, lässt jeder Fachlehrer innerhalb der ersten Wochen **aussagekräftige Arbeiten** von den neuen Schülern anfertigen, die den individuellen Leistungsstand widerspiegeln. Diese **Ausgangsbeispiele** werden mit dem neuen Schüler besprochen und – als solche gekennzeichnet – in sein Portfolio geheftet. Anhand der Ausgangsbeispiele und der Ziele auf der Checkliste, die ebenfalls in das Portfolio geheftet wird, legt der Fachlehrer im Gespräch mit dem neuen Schüler **Teilziele** fest und vereinbart einen **individuellen Arbeitsplan**.

Zum Unterschied von Thema und Ziel

Es ist notwendig, dass Sie klar zwischen Thema und Ziel unterscheiden und diesen Unterschied bereits bei der Planung Ihrer Lernangebote deutlich herausstellen.

Das Thema hat die Funktion, Lerninhalte der einzelnen Fachbereiche zu einem Lernzusammenhang zu verbinden. Ein Thema legt also nicht fest, was gelernt werden soll oder welche fachlichen Ziele erreicht werden sollen. Es vermittelt Ziele nur miteinander; es ersetzt sie nicht.

In einigen Fächern kann dieser Unterschied nicht immer konsequent gezogen werden. Dies ist vor allem dann der Fall, wenn ein Fach, wie z.B. Sachkunde, aus Themenblöcken aufgebaut ist. Möchten Sie an der Schule fächerübergreifendes Arbeiten ermöglichen, ist es hilfreich, wenn Sie sich im Pädagogenteam bei der Planung von Monats- oder Wochenthemen thematisch an den Vorgaben des Rahmen- bzw. Lehrplans des Faches Sachkunde orientieren. Die Ziele der einzelnen Fächer und die übergeordneten sozialen Ziele, die auf der jährlichen Fachkonferenz festgelegt und den Schülern in Form von Checklisten zu Jahresbeginn ausgehändigt werden, können durch unterschiedliche thematische Zuordnungen erreicht werden.

Ein übergeordnetes Thema wie „Ritterleben" enthält viele Fachziele, die über das Thema in einen für die Schüler erfahrbaren Lernzusammenhang gebracht werden. Das Thema versteht sich also als ein Mittel, mit dessen Hilfe die Schüler ihre Ziele erreichen können. Eine wesentliche Frage, die sich die Pädagogen auf der Monatsplanungssitzung stellen müssen, lautet daher: Welche Ziele sollen in den nächsten Wochen sowohl in den einzelnen Fächern als auch auf der sozialen Ebene erreicht werden? Dazu ist eine kurze Analyse der Ist-Situation der Klasse erforderlich, die von der Reflexion der vergangenen Wochen ausgeht: Was können die Schüler? Im Anschluss an die Festlegung der Ziele besprechen die Pädagogen gemeinsam, welche **thematischen Möglichkeiten** es hinsichtlich der **Umsetzung der Ziele** im Unterricht gibt. Mit den Pädagogen aus dem Hort legen die Lehrer auf der Monats- oder Wochenplanungssitzung fest, welches übergeordnete Thema sich für die Bearbeitung der Ziele eignet. Wichtig ist, dass es ein lebensnahes Thema ist, das die Fachbereiche integriert und einen für die Kinder nachvollziehbaren Lernzusammenhang herstellt. Nicht immer bietet es sich an, alle Fächer in das Thema einzubeziehen. Wer ist schon begeistert, wenn er immer mit Kastanien rechnen soll, bloß weil gerade die „Herbstwoche" stattfindet?

Planungshilfe: Das Lotus-Diagramm

Als Hilfe für die Monats- oder Wochenplanung im Team eignet sich das Lotus-Diagramm. In dessen **Zentrum** wird beim gemeinsamen Brainstorming das **fächerübergreifende Thema** eingetragen (vgl. oranges Feld in der Abbildung unten). In die Felder um das Thema herum werden die einzelnen Fächer eingetragen, in denen das Thema auf der Basis der fachspezifischen Ziele bearbeitet werden kann (vgl. gelbe Felder in der Abbildung).

Die Fachlehrer nutzen die weiteren Rechtecke, um die **grobe Planung** für ihre Fächer vorzunehmen. Dazu tragen sie zunächst die fachlichen Ziele ein, die im Laufe des festgelegten Zeitraums (Monat, Woche) erreicht werden sollen (vgl. grüne Felder). Um die Zielebene und die Themenebene nicht miteinander zu verwechseln, werden die Ziele in den Feldern um die Fächer in der Form

„Ich kann …" eingetragen, und das Thema wird in fachspezifische Unterthemen gegliedert. Auf diese Weise unterstützt das Lotus-Diagramm die pädagogische Monats- oder Wochenplanung und vereinfacht sie. Zudem können Pädagogen und Schüler gleichermaßen den Zusammenhang der einzelnen Fachziele mit dem gemeinsamen Thema erkennen.

Lehrer arbeiten am Lotus-Diagramm

Lotus-Diagramm Mittelstufe (Klasse 3)

	Ich kenne die innere und äußere Zeit			Ich kenne 3 Zugvögel	Ich kann einen Sachtext über 1 Zugvogel schreiben	Ich kenne 5 Veränderungen in der Natur im Herbst	Ich kann diese Rechnung anderen beschreiben	Ich kann die Zahlen 1–500 verdoppeln	Ich kann Ergebnisse abschätzen
	Philosophie	Ich kann die Natur als Um- und Mitwelt nennen	Ich kann den Pflanzen die Früchte zuordnen	**Sachkunde**		Ich kann die Veränderungen aufschreiben	Ich kann mit Sek./Min. Std./Tagen/Monaten rechnen	**Mathematik**	Ich kann Parallelogramm, Drachenviereck, Trapez erkennen und zeichnen
	Ich kann Veränderungen dokumentieren und malen		Ich kenne 2 Arten der Vermehrung von Pflanzen und Bäumen	Ich kenne 5 Veränderungen in der Natur	Ich kann einen Sachtext über 1 Zugvogel schreiben			Ich kann die Einmaleins-Reihe der 12	
			Philosophie	Sachkunde	Mathe	Ich kann die Uhrzeit lesen, benennen		Ich kenne die Monatsnamen
			HERBST	Englisch			**Englisch**	
			Musik	Deutsch	Kunst	Ich kenne die Zahlen von 1–20		Ich kann Wetter-Wörter zuordnen
Ich kann ein Windgedicht vertonen	Ich kann Herbstgeräusche erzeugen	Ich kann ein Herbstlied singen	Ich kann ein Herbstgedicht auswendig lernen und vortragen	Ich kann Herbstwörter nach Wortarten ordnen und richtig schreiben	Ich kann Endungen von Herbst-Nomen richtig schreiben	Ich kann gesammelte Blätter nach Farbe sortieren, aufkleben, fädeln		Ich kann Objekte zum Herbstthema bauen
Ich kann Gruselgeräusche zum Grusel-Hörspiel erzeugen	**Musik**	Ich kann ein Herbstlied rhythmisch begleiten	Ich kann ein Haiku zum Herbstfest schreiben	**Deutsch**	Ich kann einen Sachtext zum Thema Herbst verfassen		**Kunst**	Ich kann einen Drachen bauen
			Ich kann eine eigene Gruselgeschichte erzählen	Ich kann Gespenstergeschichten lesen und vorstellen	Ich kann Infos in Sachbüchern/Internet suchen	Ich kenne die Frottage-Technik und wende sie an	Ich kenne eine Druck-Technik und wende sie an	

(Eine Kopiervorlage finden Sie auf S. 120)

Das Lotus-Diagramm als Planungshilfe im Fachunterricht

Auch im Fachunterricht lässt sich das Lotus-Diagramm als Planungs- oder Auswertungsinstrument einsetzen. Anhand eines solchen Diagramms kann der Fachlehrer den Schülern die Ziele für die nächsten Wochen erläutern, die dem auf der Monatsplanungssitzung beschlossenen Thema zugeordnet sind. Dazu überträgt er das **Thema und die Ziele seines Fachs auf einen neuen Lotus-Bogen** und bespricht mit den Schülern Schritte und Wege, wie die Ziele zu erreichen sind.

Auf dem Bogen können die Schüler die Qualitätskriterien festhalten, anhand derer sie später erkennen können, ob sie ihre Ziele erreicht haben.

Die zu erreichenden **Ziele des Fachs** werden nun zu den **Zentren der Rechtecke** (vgl. Abb. unten).

Wesentliche Fachziele können natürlich nicht mit den Schülern verhandelt werden. Sie sind in den Checklisten und letztlich durch den Rahmen- bzw. Lehrplan vorgegeben. Der Fachlehrer kann das deutlich machen, indem er „Minimalziele" bereits im Lotus-Diagramm einträgt.

Auch die Schüler können Vorschläge einbringen, was sie zusätzlich lernen möchten. Zu Beginn der Einheit bietet es sich an, gemeinsam mit den Schülern ein Brainstorming durchzuführen und die Ergebnisse oder Vorschläge im Lotus-Diagramm festzuhalten.

Lotus-Diagramm für das Fach Kunst,

Regenwurmprojekt, Klasse 1

Ich kann unterschiedliche Linien und Kritzel für die Bildgestaltung anwenden	**Bodenbilder**		Ich kenne verschiedene Materialien zur Bildgestaltung und kann sie anwenden	**Malen mit Sand, Erde und Ton**	Ich kann mit der Schere sauber ausschneiden	Ich kenne den Linolschnitt und kann ihn anwenden	**Anfertigen eines Linolschnitts**	Ich kenne einfache Stempel- und Materialdruckverfahren und kann sie anwenden
	Ich kenne verschiedene Materialien zur Bildgestaltung und kann sie anwenden		Ich kann eine Collage herstellen	Ich kenne einfache Stempel- und Materialdruckverfahren und kann sie anwenden		Ich kann selbstständig drucken	Ich kann unterschiedliche Linien und Kritzel für die Bildgestaltung anwenden	
Ich kann Farben deckend und lasierend auftragen	**Bauen eines Regenwurm-labyrinthes**	Ich kann etwas bauen, dass ich mir selbst ausgedacht habe	Fach Kunst Lotus-Diagramm für die 1. Klasse **Auf der Spurensuche des Regenwurms**			Ich kenne verschiedene Materialien zur Bildgestaltung und kann sie anwenden	**Regenwurm-zeichnungen und Regenwurm-labyrinthe**	Ich kann einen Regenwurm realistisch abbilden
		Ich kann selbstständig aus den Grundfarben andere Farben mischen				Ich kann auf Basis meiner Skizzen einen Regenwurm zum Gegenstand meiner künstlerischen Arbeit machen		Ich kann verschiedene Entwürfe anfertigen und mich für eine Umsetzung entscheiden
	Bauen von Regenwürmern	Ich kann ein Objekt aus Knete oder Ton formen	Ich kann etwas bauen, dass ich mir selbst ausgedacht habe	**Bauen einer Regenwurm-lampe**	Ich kenne den Farbkreis mit den Grundfarben (Rot, Gelb, Blau)	Ich kann mit anderen Kindern zusammenarbeiten	**soziale Lernziele**	Ich kann meine künstlerischen Arbeiten anderen Kindern vorstellen
Ich kann etwas bauen, dass ich mir selbst ausgedacht habe		Ich beherrsche ein Verfahren, um Drahtskulpturen herzustellen	Ich kann ein Kunstwerk beschreiben	Ich kenne verschiedene Pinselarten	Ich kenne die Künstlerin Niki de Saint Phalle / Ich kenne ein Kunstwerk und kann es dem Künstler zuordnen / Ich kann Farben deckend und lasierend auftragen	Ich kann erste Begründungen für meine Materialauswahl finden	Ich räume meinen Arbeitsplatz selbstständig auf	

Die praktische Umsetzung dieses Diagramms finden Sie in Kapitel 4

Danach werden für die einzelnen fachlichen Ziele Lotuspläne für die Hand der Schüler ausgefüllt (vgl. Abb. unten). Um die Ziele herum werden gemeinsam mit den Schülern Maßnahmen entwickelt:

▶ **Was brauche ich, um das Ziel zu erreichen?**

▶ **Was muss ich wissen?**

▶ **Wie organisiere ich meine Suche nach Informationen?**

▶ **In welchen Schritten muss ich vorgehen, damit ich die Aufgabe bewältigen kann?**

Auf diese Weise fällt es den Schülern leichter, ihre Vorgehensweisen zu planen.

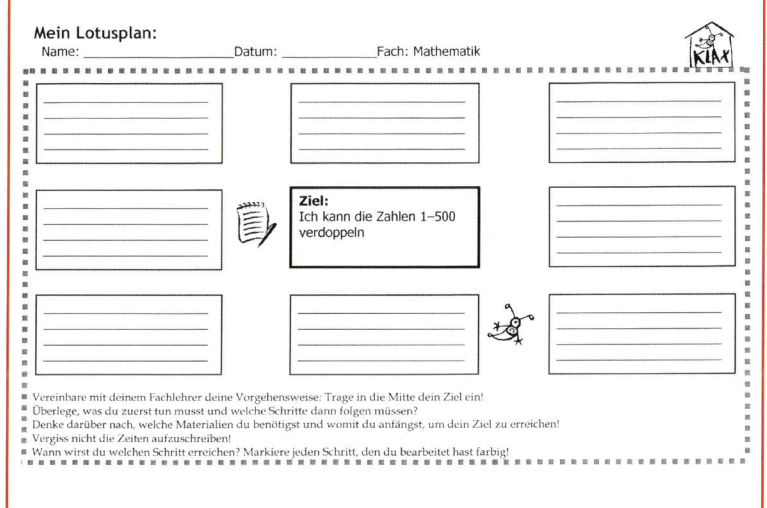

Mein Lotusplan:
Name: _____ Datum: _____ Fach: Mathematik

Ziel:
Ich kann die Zahlen 1–500 verdoppeln

Vereinbare mit deinem Fachlehrer deine Vorgehensweise: Trage in die Mitte dein Ziel ein!
Überlege, was du zuerst tun musst und welche Schritte dann folgen müssen?
Denke darüber nach, welche Materialien du benötigst und womit du anfängst, um dein Ziel zu erreichen!
Vergiss nicht die Zeiten aufzuschreiben!
Wann wirst du welchen Schritt erreichen? Markiere jeden Schritt, den du bearbeitet hast farbig!

(Eine Kopiervorlage finden Sie auf S. 121)

TIPP 2:

Einigen Sie sich im Lehrerteam auf Farben, die den einzelnen Fächern zugeordnet sind, um die Flächen im Lotus-Diagramm entsprechend farblich markieren zu können. Das erleichtert die Übersicht.

Auch in der umgekehrten Reihenfolge lässt sich das Lotus-Diagramm sinnvoll verwenden: als ein praktisches und für Schüler leicht nachvollziehbares **Auswertungsinstrument**. Wenn ein Schüler meint, sein Ziel erreicht zu haben, kann er es in das Zentrum des Diagramms eintragen und im Nachhinein reflektieren, wie und mit welchen Mitteln er es erreicht hat. Teilziele auf dem Weg zur Erreichung des Ziels können bewusst gemacht und einzelne Schritte in Erinnerung gerufen werden. So lernt der Schüler, **seinen eigenen Lernweg zu reflektieren**, und kann aus seinem Vorgehen **Schlüsse für kommenden Projekte und Arbeiten ziehen**. Bei der Auswertung seiner Arbeit geht er das Lotus-Diagramm noch einmal gedanklich durch und macht sich so bewusst, was er gelernt hat und wie er vorgegangen ist.

TIPP 1:

Natürlich sollten Sie nur mit den älteren Schülern individuelle Wege vereinbaren. Bei den jüngeren können Sie den Plan vorbereiten und einzelne Schritte mit der Gruppe gemeinsam besprechen. Zusätzliche Ziele oder Unterthemen können Sie in einem Brainstorming mit der Klasse finden.

TIPP 3:

Ähnlich wie das Lotus-Diagramm funktioniert auch der individuelle Arbeitsplan, auf dem der Schüler einzelne Schritte zur Bearbeitung einer Aufgabe festhalten kann, die er weitgehend selbstständig lösen soll. (Siehe dazu unter „Generelle Ziele und individuelle Arbeitspläne", S. 25/26)

Warum Levels hilfreich sind

Nicht alle Schüler haben die gleichen Voraussetzungen und gehen mit der gleichen Geschwindigkeit vor. Damit sie in ihrem individuellen Lernfluss und vor allem im Hinblick auf ihre Lernmotivation nicht behindert werden, sollten die Fachlehrer bei der Entwicklung von Lernangeboten und bei der Vorbereitung ihrer Unterrichtseinheiten auf **qualitative Niveau-Unterschiede (Levels)** achten. Für Schüler, die auf einem Gebiet Schwierigkeiten haben, müssen Wege gefunden werden, auf denen sie die Kernziele des Fachs erreichen können. „Lernen mit Zielen" geht immer davon aus, was ein Schüler kann. Deshalb muss es auch bei gleichen Zielen individuelle Ausgangspunkte und eine individuelle Herangehensweise geben. Pädagogen, die die Ziele ihres Fachs in **erreichbare Teilziele** gliedern, schaffen gute Voraussetzungen für eine individualisierte und zugleich leistungsorientierte Lernentwicklung.

Es ist nicht leicht, stets darauf zu achten, dass sich alle Leistungsstände der Schüler einer Klasse in den Formulierungen der Ziele wiederfinden, die auf der Fachkonferenz beschlossen werden. Einerseits muss das Ziel für jeden Schüler im genannten Zeitraum erreichbar sein, andererseits soll es nicht unterfordern. Auf Monats- oder Wochenplanungssitzungen überlegen die Lehrer, wie ein qualitativer Niveauwechsel für den einzelnen Schüler mit Hilfe von Levels erfolgen kann. Beachtet werden muss dabei, ob sich das Ziel in Teilziele differenzieren

lässt und welche Qualitätsstufe für Schüler vorgesehen ist, die das Ziel bereits nach wenigen Tagen erreichen.

> **Leistungsdifferenzierung kann nicht heißen, dass Schüler, die „schon fertig" sind, lediglich mehr Aufgaben erhalten. Wesentlich ist, dass sich die Qualität der Aufgabenstellung verändert – je nachdem, was ein Schüler an Vorwissen und Fähigkeiten mitbringt.**

Bezeichnet man die Qualitätsunterschiede innerhalb einer Zielstellung, die mit der Leistungsbeurteilung in direktem Zusammenhang stehen, als Levels und formuliert sie auf die Schüler bezogen, können die Schüler oft schon nach kurzer Zeit souverän mit der Leistungsdifferenzierung umgehen und spornen sich gegenseitig an. Zudem lernen sie anhand der Levels, ihre persönlichen Leistungsstände einzuschätzen. Wenn sie nach Absprache mit dem Fachlehrer wählen, mit welchem Schwierigkeitsgrad sie beginnen möchten, wissen sie auch, welche Note sie erreichen können. Sie haben somit von vornherein Anteil an einer durch die Kriterien objektiven Leistungsbeurteilung.

Doch kein Lehrer kann tatsächlich für jeden einzelnen Schüler der Klasse individuelle Aufgaben konstruieren, um dessen persönlichem Leistungsstand gerecht zu werden. Es reicht aus, wenn der Pädagoge zunächst mit bis zu **drei Levels** arbeitet, in denen sich der Leistungsstand der Gesamtgruppe widerspiegelt.

Beispiele für die Bildung von qualitativen Niveau-Unterschieden (Level) anhand von Kriterien

Die Pädagogen haben sich auf der Monatsplanungssitzung auf das Thema **„Herbstzeit"** geeinigt, das in einigen, aber nicht in allen Fächern unter verschiedenen Zielstellungen behandelt wird. Im Fachunterricht könnten ausgewählte **Ziele und Levels** so lauten:

Sachkunde:

Level 1: *„Ich erkenne 5 Veränderungen der Natur im Herbst und kann sie aufschreiben."*

Level 2: *„Ich kann in einem Sachtext 5 wesentliche Veränderungen in der Natur darlegen und deren Ursache schriftlich darstellen."*

*Die Kriterien, anhand derer die Erreichung des Ziels objektiv messbar ist, werden vorher mit den Schülern besprochen und als Plakat ausgehängt. Entscheiden sich die Schüler verbindlich für einen Level, wissen sie auch, welche **Kriterien** zu beachten sind:*

Kriterien für Level 1:

➤ 5 Veränderungen beobachten und in Stichpunkten aufschreiben
➤ Datum und Uhrzeit angeben
➤ im Lexikon unter „Herbst" nachschlagen und die eigenen Beobachtungen mit den Fakten vergleichen
➤ mindestens 2 Ursachen für Veränderungen abschreiben

Kriterien für Level 2:

➤ 5 Veränderungen in der Natur beobachten
➤ im Lexikon unter „Herbst" nachschlagen und die eigenen Beobachtungen mit den Fakten vergleichen
➤ Ursachen herausfinden, einen Sachtext im Umfang von mindestens einer A4-Seite formulieren und mit Herbstbildern aus dem Internet vervollständigen
➤ im Text einen Schwerpunkt auf eine Veränderung (z.B. Aufbruch der Zugvögel) festlegen und erklären

Kunst:

Level 1: *„Ich kann einen Einfarb-Druck zum Thema Herbst und ein Passepartout anfertigen."*

Level 2: *„Ich kann einen Vierfarb-Druck und einen Bilderrahmen herstellen."*

Die Levels können auch das Erlernen zweier verschiedener Techniken enthalten. Ein Vierfarb-Druck ist schwieriger als ein Einfarb-Druck herzustellen und ein Bilderrahmen komplizierter als ein Passepartout.

Kriterien für Level 1:

➤ 15 Minuten zuhören, wenn der Kunstlehrer in die Einfarb-Drucktechnik einführt
➤ eigene Herbstideen auf einem Skizzenblatt mit Bleistift festhalten
➤ sich für eine der Ideen verbindlich entscheiden
➤ zuhören, wenn der Atelier-Assistent (Mitschüler) erklärt, wie man mit den Materialien sparsam umgeht
➤ selbstständig den Einfarb-Druck anfertigen
➤ das Passepartout zuschneiden
➤ das Bild der Gruppe vorstellen

Kriterien für Level 2:

➤ 15 Minuten zuhören, wenn der Kunstlehrer in die Vierfarb-Drucktechnik einführt
➤ eigene Herbstideen auf einem Skizzenblatt mit Bleistift festhalten
➤ sich für eine der Ideen verbindlich entscheiden
➤ zuhören, wenn der Atelier-Assistent erklärt, wie man mit den Materialien sparsam umgeht
➤ selbstständig den Vierfarb-Druck anfertigen
➤ den Druck im gewünschten Format zurechtschneiden
➤ das Druckblatt vermessen
➤ die Leisten zusägen
➤ sich helfen lassen
➤ den Rahmen leimen, die Rückwand zurechtsägen
➤ das Bild einpassen und der Gruppe vorstellen

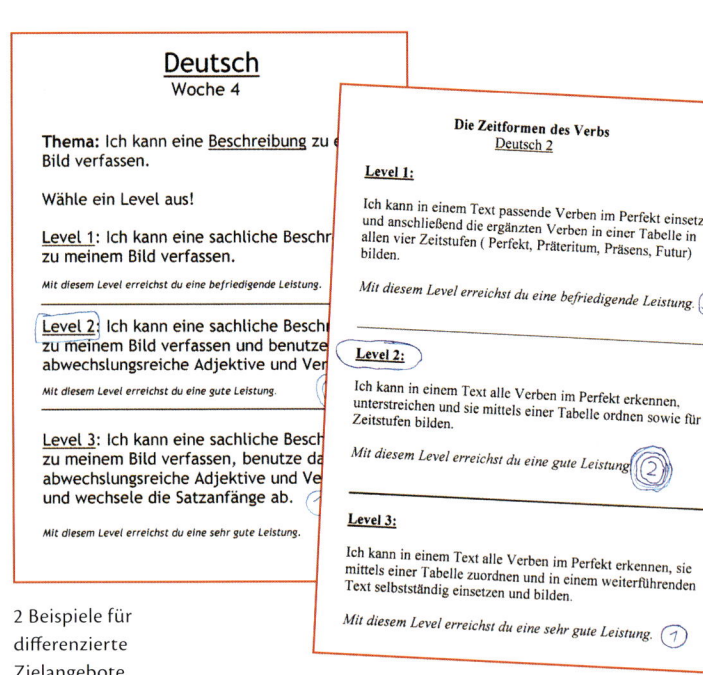

2 Beispiele für differenzierte Zielangebote

Es ist zu beachten, dass Niveauunterschiede keinen thematischen Wechsel erforderlich machen. Dies ist aus didaktischen und aus Gründen der Durchführbarkeit auch nicht immer möglich. Die Levels sollten also **vertiefenden Charakter** im **gleichen Stoffgebiet** tragen und es dem Schüler ermöglichen, sich mehr Wissen zu erarbeiten und Gelerntes anzuwenden. Bei der Formulierung der Levels müssen die Pädagogen sich darauf einigen, dass **Level 1** immer das **Minimalziel** beschreibt. Es markiert die Mindestanforderung des Rahmen- bzw. Lehrplans und sollte so gestaltet sein, dass es von **allen** Schülern erreicht werden kann. Je höher der Level, desto höheren Anforderungen stellt sich der Schüler. Natürlich ist es generell möglich, dass einzelne Schüler Zielstellungen aus höheren Klassenstufen bekommen. Solange es sich dabei um den gleichen oder einen weiterführenden Themenkomplex handelt, kann dies auch im Unterricht gut umgesetzt werden. Warum sollte ein pfiffiger Schüler nicht an Geometriezielen arbeiten, die eigentlich erst im nächsten Schulhalbjahr auf dem Unterrichtsplan stehen? Solange die anderen Schüler auch den Themenkomplex Geometrie behandeln, ist dagegen nichts einzuwenden.

Steht das Ziel für die Schüler fest, dient ein **individueller Arbeitsplan** dazu, die Vorgehensweise der einzelnen Schüler zu dokumentieren. Der Arbeitsplan kann je nach Zielstellung aus den Kriterien heraus entwickelt werden und Teilziele enthalten. Schüler und Lehrer schreiben gemeinsam auf, **wie** und **wann** an dem Ziel gearbeitet wird. Die Vorgehensweise ist abhängig vom Kenntnisstand der Schüler und variiert dementsprechend. Der Zeitrahmen kann auch in das Logbuch übertragen werden.

Basiswissen für die selbstständige Arbeit am Ziel

Damit die Schüler möglichst selbstständig an ihren Zielen arbeiten können, benötigen sie **fachliches Wissen**. Zum Beispiel müssen sie in Kunst bestimmte Arbeitstechniken und die Abfolge der Schritte kennen, bevor sie selbst einen Druck anfertigen können. Im Sachkundeunterricht müssen die Schüler vor der Untersuchung einer Zwiebel unter dem Mikroskop wissen, wie mit dem Gerät umzugehen ist. Bevor sie sich mit dem Verhältnis von Größe und Gewicht auseinandersetzen, benötigen sie mathematisches Know-how. Diese Art von Basiswissen sollte ihnen in einleitenden, instruierenden Phasen vermittelt werden. Der Fachlehrer stellt als Spezialist sein Wissen bereit und leitet in die selbstständige Arbeit am Ziel ein. Allerdings sollte er die instruierenden Phasen bei Grundschülern knapp bemessen und möglichst viel während der selbstständigen Arbeit oder in den Gruppenarbeitsphasen erklären, die er als Experte und Ansprechpartner immer begleitet.

Außerdem benötigen die Schüler Basiswissen, müssen spezifische Methoden anwenden und bestimmte Fertigkeiten üben. Diese **Basiskompetenzen** können auf verschiedene Weise erworben werden, jeweils den Anforderungen des Ziels entsprechend. Der Fachlehrer nutzt dabei sein Methodenrepertoire. Denkbar sind anleitende Phasen, Phasen der Instruktion und gemeinsames Üben zu Beginn der Unterrichtsstunde.

Die Pädagogen müssen darauf achten, dass die Vorstellung eines neuen Ziels immer dann erfolgt, wenn ein Schüler gegenüber dem Lehrer und anhand der Kriterien nachgewiesen hat, dass er sein vorheriges Ziel erreicht hat.

Sind die erforderlichen Arbeitsschritte gemeinsam mit dem Lehrer besprochen und die Kriterien geklärt, ist der Schüler in der Lage, in Absprache mit dem Lehrer einen **individuellen Arbeitsplan** aufzustellen:

- ▶ **Wie erreiche ich mein Ziel?**
- ▶ **Wie gehe ich vor?**
- ▶ **Was sind die konkreten Schritte?**

TIPP:

Bei der Einführung von „Lernen mit Zielen" empfiehlt es sich, mit mündlich verabredeten und im Logbuch festgehaltenen, zweiwöchig angelegten Kernzielen zu arbeiten. Zunächst wird ein fester Termin vereinbart, an dem Schüler und Lehrer gemeinsam das Auswertungsgespräch üben. Gelingt dies, kann der Lehrer dazu übergehen, die Ziele immer dann auszuwerten, wenn sie erreicht worden sind.

Lernbeweise sammeln

In regelmäßigen Abständen sollen die Schüler nachweisen, dass sie ihre Ziele tatsächlich erreicht haben. Die verbindliche Form des Nachweises legen Lehrer und Schüler gemeinsam fest. Ein Nachweis ist aber immer nur dann brauchbar, wenn die vereinbarten Qualitätskriterien erfüllt worden sind. Die Lehrer müssen die Schüler dabei unterstützen, Lernbeweise selbstständig zu erbringen. Denn die Schüler sollen lernen, ihre Arbeit und Vorgehensweise zu evaluieren und selbst anhand von Kriterien zu erkennen, ob sie das Ziel erreicht haben.

Das ist besonders für die jüngeren Schüler nicht so einfach, denn es erfordert hohes Abstraktionsvermögen. Stereotype Antworten wie: „Ich habe gut gearbeitet" oder „Ich habe die Aufgabe gelöst" sind keine Seltenheit. Zu lernen, wie man sich selbst beurteilt, ist ein langer Weg. Aufgabe des Lehrers ist es, die Schüler intensiv auf diesem Weg zu begleiten.

Der **Auswertungsprozess** ist deshalb so wichtig, weil die Schüler allmählich lernen, was Wissen ist und wie sie ihren Wissenserwerb steuern können.

Mit Hilfe von **drei Fragen**, die der Lehrer bei jeder Zielauswertung stellt, kann er den **Reflexionsprozess** fördern:

1) **Was hast du gemacht?**
2) **Was hast du gelernt?**
3) **Wie hast du das gelernt?**

Auf die Frage, was sie gemacht haben, können bereits Vorschüler eine Antwort geben. Bei der zweiten Frage ist das schon schwieriger und klappt oft erst bei älteren Grundschülern. Es reicht nämlich nicht, das Ergebnis oder die Aufgabe zu beschreiben, denn die Aufgabe ist ja nur ein Mittel, um etwas zu lernen. Herauszufiltern, was man gelernt hat, ist gar nicht leicht.

Die Antwort auf die Frage nach dem „Wie" stellt besonders hohe Anforderungen, selbst an ältere Schüler. Lernwege sind sehr komplex, ihre Beschreibung gelingt auch Erwachsenen nicht immer. Dennoch sollte die Frage nach dem „Wie" im Auswertungsgespräch immer mitschwingen. Lehrer und Schüler sollten versuchen, gemeinsam eine Antwort zu finden. Dies ist jedoch nur möglich, wenn der Lehrer sich Zeit für das Auswertungsgespräch nimmt.

Nicht bei jedem Teilziel ist es tatsächlich erforderlich, ein individuelles Auswertungsgespräch zu veranstalten. Auswertungen können – gerade bei den jüngeren Schülern der 1. und 2. Klassen – auch in der Gruppe vorgenommen werden. Im Gespräch mit der Schülergruppe kann der Lehrer einzelne Arbeitsergebnisse exemplarisch von Mitschülern auswerten lassen. Er bespricht mit den Schülern die Arbeiten, geht mit ihnen die Kriterien durch und prüft, ob und welche Kriterien eine Arbeit erfüllt. Dabei achtet er darauf, anhand der Arbeit immer zu zeigen, was der Schüler kann. Negativ herauszustellen, was nicht gelungen ist – das ist nicht hilfreich.

Mit dem entsprechenden **Wolkenblatt-Formular** (vgl. Abb. unten), auf dem das Ziel eingetragen und in kurzer Form schriftlich ausgewertet wird, heftet der Schüler die Arbeit in sein Portfolio.

Schüler, die bereits schreiben können, sollen ihre Arbeiten zunächst selbst oder gemeinsam mit einem Mitschüler auswerten. Anhand der Kriterien reflektieren sie, ob das Ziel erreicht wurde, und halten ihre Begründung in wenigen Worten auf dem **Zielformular** fest. Dies erfordert, genauer darüber nachzudenken, ob und wie die Aufgabe bewältigt wurde. Die Feststellung „Ich habe gut gearbeitet", anfangs von jüngeren Schülern oft geäußert, reicht bei älteren Schülern nicht aus.

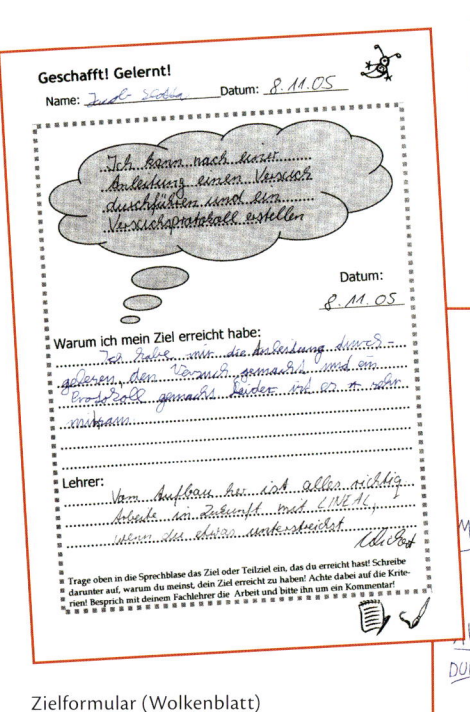

Zielformular (Wolkenblatt)
(Eine Kopiervorlage finden Sie auf S. 122)

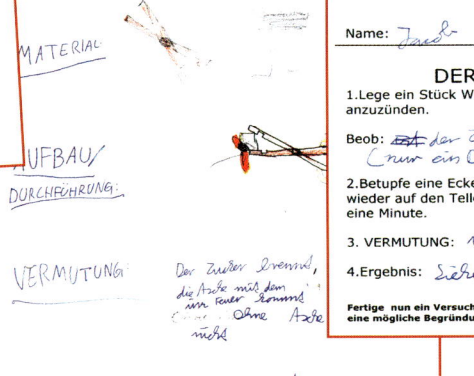

Beispiel für das Versuchsprotokoll

Waren die Kriterien eindeutig formuliert, fällt die Begründung leichter. Denn die Kriterien gestatten es Schülern und Lehrern, objektiv zu messen, ob ein Ziel erreicht wurde. Sie sorgen auch dafür, dass die Schüler bereits während ihrer Arbeit eine Orientierung haben. Von vornherein wissen sie, worauf sie bei der Bearbeitung einer Aufgabe achten müssen. Die Qualitätskriterien hängen immer von dem Ziel ab, das es zu erreichen gilt. Deshalb gibt es keine Patentlösung für ihre Formulierung. Abhängig von den Anforderungen des jeweiligen Rahmen- bzw. Lehrplans und den daraus generierten Zielen muss das Pädagogenteam immer wieder neu und genau darüber nachdenken.

Beispiel:

Teilziel: „Ich kann zwei Sätze über mich aufschreiben."

Vorher bespricht der Lehrer die ***Qualitätskriterien*** *mit den Schülern. Die Kriterien sind Indikatoren, die messbar anzeigen, was der Schüler geleistet hat und was nicht. Den Schülern sollte zunächst Folgendes klar sein:*

➤ *Was ist ein Satz?*
➤ *Was könnte ein Satz über die eigene Person beinhalten (Ich-Bezug)?*

Weitere Qualitätskriterien
könnten sein:

➤ *Beachte die Rechtschreibung.*
➤ *Schreibe Satzanfänge groß.*
➤ *Beginne beide Sätze unterschiedlich.*

Die Qualitätskriterien müssen so formuliert sein, dass die Schüler bereits während des Arbeitens sehen, worauf sie achten müssen, wenn sie gut arbeiten wollen. Das heißt, es muss ihnen klar sein, welche Kriterien ihre Arbeit erfüllen muss, damit sie das Ziel als erreicht betrachten können. Steht zum Beispiel nur ein Satz auf dem Blatt, ist das Kriterium „Zwei Sätze" nicht erfüllt und damit das Ziel noch nicht erreicht. Stehen fünf Sätze über Autos ohne erkennbaren Bezug zur eigenen Person auf dem Papier, muss ebenfalls noch einmal über die Arbeit nachgedacht werden. „Ich bin auf dem Weg" – das ist letztlich das Ergebnis der Auswertung.

TIPP:

Kriterien sind wegeleitend. Sie erleichtern es den Kindern, die Aufgabe zu erfüllen und das Ergebnis mündlich oder schriftlich auszuwerten. Kriterien helfen den Schülern, ihre eigenen Schritte im Nachhinein zu verbalisieren.

Leistungsbeurteilung mittels Qualitätskriterien

Vor jeder Bearbeitung eines Ziels bespricht der Lehrer mit den Schülern genau, was erarbeitet werden soll und wie sie dabei vorgehen können. Auf einem individuellen Arbeitsplan, zum Beispiel in Form eines Lotus-Diagramms (vgl. Abb. S. 29), wird Schritt für Schritt festgehalten, was getan werden muss, um das gesetzte Ziel zu erreichen. Gemeinsam werden auch die **Qualitätskriterien** besprochen, anhand derer die Schüler überprüfen können, ob sie das Ziel erreicht haben. Nach der gemeinsamen Erarbeitung möglicher Wege plant jeder Schüler in Absprache mit dem Fachlehrer seine individuelle Vorgehensweise und setzt sich eventuell Teilziele.

Sind die Kriterien dem Schüler vor Beginn der Arbeit bekannt, kann er besser auf das Ziel hinarbeiten, denn er weiß, worauf es ankommt. Nach einer kurzen Anleitung des Fachlehrers beginnt der Schüler mit der selbstständigen Arbeit an dem neuen Ziel. Der vereinbarte individuelle Arbeitsplan legt fest, in welchen Schritten er vorgehen und auf welche Kriterien er achten muss. Mit dem Fachlehrer wertet der Schüler **nach der Bearbeitung** seine Arbeit anhand der festgelegten Kriterien aus. Dabei können Lehrer und Schüler objektiv feststellen, ob das Ziel erreicht worden ist oder nicht. Der entsprechende Lernbeweis wird, wenn er vom Lehrer akzeptiert wurde, mit der Begründung der Auswahl in das Portfolio geheftet.

Wichtig:
In das Portfolio kommen immer nur die Arbeiten, die zeigen, was der Schüler kann, und niemals solche, die zeigen, was er nicht kann!

Das Portfolio ist keine Sammelmappe, in die alles hineinkommt, was die Schüler „schön" und „gut" finden. Die Auswahl erfolgt immer im Konsens mit dem Lehrer, der die Zielerreichung auf dem Formular bestätigt. Verweist die Begründung des Schülers auf die vereinbarten Qualitätskriterien, heißt das, dass er den Prozess der Qualitätsarbeit verstanden hat. Natürlich braucht es Zeit, bis ein Schüler seine Arbeiten tatsächlich auswerten und seine Auswahl fürs Portfolio (auch schriftlich) begründen kann. Deshalb gelten für die Formulierung der Kriterien die gleichen Prinzipien wie für die Ziele im Allgemeinen: Sie müssen verständlich und klar definiert sein. Ist das der Fall, können die Schüler bei der Auswertung ihrer Arbeit gemeinsam mit dem Fachlehrer genau überprüfen, welche Kriterien sie schon erfüllt und welche sie noch vernachlässigt haben. Die **Kriterien** hängen von der Art des Ziels ab und müssen daher bei jeder neuen Zielstellung **überarbeitet** und **angepasst** werden.

Beispiel:
*Lautet das Ziel bei Erstklässlern „Ich kann zwei Wörter schreiben", verständigt sich der Lehrer zunächst mit den Schülern darüber, was Wörter sind. **Kriterien** könnten sein,*
1) *dass die Wörter von anderen gelesen werden können (Lautschrift),*
2) *dass die Groß- und Kleinschreibung beachtet wird etc.*
Wenn der Schüler meint, das Ziel erreicht zu haben, muss er dies mit einem Nachweis belegen, der vom Lehrer akzeptiert wird. Das Blatt mit den beiden Wörtern heftet der Schüler zusammen mit dem Zielformular in sein Portfolio.

Der Kriterienkatalog

In den Checklisten sind die Ziele festgelegt, die ein Schüler im Laufe seiner Grundschulzeit erreichen soll. Die Kriterien helfen ihm, zu erkennen, ob er ein Ziel erreicht hat. Deshalb ist es wichtig, diese Kriterien mit den Schülern gemeinsam zu erarbeiten und in einem **verbindlichen Kriterienkatalog** festzuhalten. Schließlich sollen die Kriterienkataloge ein Instrument sein, mit dem Schüler und Lehrer gemeinsam eine angemessene, objektive Einschätzung der Arbeit vornehmen können.

Einige Schüler sind in Hinblick auf die Auswahl sehr selbstkritisch, und es kommt vor, dass Schüler ihre Leistung in Gegenwart des Lehrers negativer bewerten als nötig. In solchen Fällen ist es die Aufgabe des Pädagogen, den Schüler davon zu überzeugen, dass er sein Ziel erreicht hat. Das Ziel kann also abgerechnet und die Arbeit in das Portfolio geheftet werden. Im Gespräch mit dem Schüler wiederholt der Lehrer die Kriterien und weist anhand der Arbeit des Schülers nach, dass sie erfüllt worden sind.

Als **Methode für die Erarbeitung von Kriterien** schlagen wir das gemeinsame Auswerten von Musterbeispielen vor. Anhand des Musters einer guten, aber nicht unerreichbaren Arbeit können die Schüler überlegen, welche Kriterien sie an gute Arbeiten in dem jeweiligen Fach anlegen möchten. Schüler und Lehrer einigen sich auf einen nicht zu umfangreichen Kriterienkatalog, der als Plakat im jeweiligen Fachraum ausgehängt wird. Wichtig ist, dass die aufgeführten Kriterien deutlich auf das Ziel bezogen sind. Ist das Ziel erreicht und hat eine Auswertung stattgefunden, werden für das neue Ziel neue Kriterien ermittelt oder die vorhandenen ergänzt.

Bei der Erarbeitung der Checklisten müssen sich die Fachlehrer darüber im Klaren sein, woran sie erkennen können, ob ein Schüler das Jahresziel erreicht hat. Demnach müssen auch die grundlegenden Kriterien, welche ein Ziel erst evaluierbar machen, von vornherein feststehen. Deshalb ist es notwendig, vor der Aufstellung der Kriterienkataloge in den einzelnen Fächern in einer Planungssitzung mit dem Lehrerteam **grundsätzliche Kriterien für die Kernziele des Faches** abzustimmen. Dies ist auch für die Leistungsbeurteilung eine nicht zu unterschätzende Maßnahme. Da die Beurteilung oder die Benotung den – freilich relativen – Anspruch hat, objektiv zu sein, ist die Festlegung von klaren Kriterien in jedem Fachbereich eine Notwendigkeit.

Naturgemäß sind Kriterienkataloge für große, projektbezogene Ziele umfangreicher als für Teilziele. Aber auch für kleine Ziele müssen Kriterien vereinbart werden, damit sie – und sei es auch nur für eine Stunde – an der Tafel festgehalten werden können.

> Die Betonung von Qualitätskriterien ist deshalb so wichtig, weil damit grundlegende Fähigkeiten in Verbindung stehen, über die die Kinder am Ende ihrer Grundschulzeit verfügen sollen und die sie ihr ganzes Leben lang brauchen:
>
> ▶ **Wissen anwenden können**
> ▶ **Aussagen überprüfen können**
> ▶ **Probleme lösen können**
> ▶ **Arbeitsergebnisse reflektieren können**
> ▶ **Ergebnisse beurteilen und bewerten können.**

TIPP 1:

Bevor Sie mit den Schülern über Kriterien sprechen, müssen sich alle Lehrer einig über die Frage sein: **Was ist Qualität?**

Je deutlicher Ziele und Kriterien formuliert sind, desto klarer ist auch für Sie, was Sie didaktisch leisten müssen, damit Ihre Schüler das Ziel erreichen. Treffen Sie sich regelmäßig zu Sitzungen, in denen Sie gemeinsam exemplarische Arbeiten auswerten und besprechen. Überprüfen Sie, ob die Kriterien treffend definiert waren.

TIPP 2:

Loben Sie Ihre Schüler bei der Leistungsbeurteilung nicht unnötig! Wenn Sie eine Schülerarbeit beurteilen, sollten Sie ganz klar sagen, was Sie daran gut finden und warum. Kommentare wie „Das ist toll!" oder „Gut gemacht, weiter so!" sind ohne Begründung wenig hilfreich, denn auf ihrer Basis kann sich der Schüler nicht verbessern. Zudem provozieren Sie damit stereotype Antworten der Schüler geradezu.

Kapitel 2

Instrumente der Qualitätsarbeit

Ein Plädoyer für Portfolios

„Lernen mit Zielen" ist keine Methode, die sich von heute auf morgen in der Grundschule einführen lässt, denn mit ihr geht eine veränderte Sicht auf das Kind, die Rolle der Lehrer und Eltern einher, auf die man sich einlassen wollen muss. Zwar können Sie Portfolios als Sammelmappen von Schülerarbeiten ohne Weiteres einführen. Sie können Schülerarbeiten sammeln und auswerten lassen, Eltern mit den bunten Mappen beglücken und werden von den Kollegen vielleicht als innovative Lehrkraft gefeiert. Aber die kritische Auseinandersetzung mit dem Menschenbild, den eigenen Werten und dem Selbstverständnis als Lehrer lässt sich nicht per Tastendruck führen. Sie ist ein Prozess, den jeder von uns aktiv durchleben muss.

Die Idee des Portfolios besteht schon seit einiger Zeit und wird von vielen Menschen und in den unterschiedlichsten Ländern umgesetzt und weiterentwickelt. Vor allem in Kanada und Schweden ist es als Beurteilungsinstrument im Schulbereich schon seit einigen Jahren weit verbreitet. Wir als Schule haben bei der Auseinandersetzung mit den diversen Portfolio-Konzepten und den Gesprächen mit Portfolio-Praktikern auf unseren Reisen viel lernen können. Von künstlerisch tätigen Berufsgruppen werden Portfolios seit langem als Beurteilungsinstrument genutzt – aus diesen Berufsfeldern stammt auch die Portfolioidee. Denn bei Vorstellungen und Bewerbungen trägt die Portfoliomappe dazu bei, die vielfältigen Potenziale und Fähigkeiten sichtbar zu machen, über die der Bewerber verfügt – viel mehr als Zeugnisse oder Empfehlungen Dritter das können.

In Deutschland ist „Portfolio", so scheint es, derzeit ein Container-Begriff, in den die verschiedensten Bedeutungen hineingelegt und dem die unterschiedlichsten Funktionen zugeschrieben werden. Das entnehmen wir den bisherigen Veröffentlichungen zu diesem Thema. Gerade deshalb ist es uns wichtig, genau zu erklären, was wir meinen:

> **Für uns ist das Portfolio ein Instrument der Qualitätsarbeit, das man nicht von ihr trennen kann. Das Portfolio ist eines der Mittel, um „Lernen mit Zielen" bereits in der Grundschule verwirklichen zu können. Kein Bilderbuch, sondern ein pädagogisches Werkzeug.**

Im Folgenden möchten wir Ihnen zeigen, wie man mit der **Portfolio-Arbeit beginnen** und die dafür **notwendigen Schritte vorbereiten** kann.

„Lernen mit Zielen" funktioniert nur, wenn Lehrer, Schüler und Eltern am gleichen Strang ziehen. Dass sich im Zuge der Umsetzung in die Praxis Veränderungen ergeben werden und Schwierigkeiten zu überwinden sind, liegt in der Natur der Sache. Doch wer sich vom Portfolio-Konzept überzeugt und sich neugierig auf den Weg macht, dem gelingt auch erfolgreiche Praxis.

Wichtig ist, dass Sie einen gangbaren Weg für sich finden und dabei immer fragen, was möglich ist. Was nicht geht, zeigt sich von selbst!

Das Portfolio

Das Portfolio ist eine Dokumentensammlung, die **Lernfortschritte eines Schülers** dokumentiert. Es ermöglicht dem Pädagogen, Kontrolle und Verantwortung mit dem Schüler zu teilen. Die im Portfolio gesammelten Arbeiten stehen immer in direkter Verbindung mit den **Zielen**, die auf der Fachkonferenz für das jeweilige Schuljahr festgelegt worden sind. Die Arbeiten dienen als Beleg dafür, dass ein Schüler die gesetzten Ziele erreicht hat.

Das Portfolio zeigt in fachlich sortierter und chronologischer Form, welche Kompetenzen ein Schüler erworben hat. Sie sind Ausgangspunkt für seine weiteren Bildungsfortschritte. Bei der Arbeit mit dem Portfolio geht der Lehrer immer davon aus, was ein Schüler kann, baut also auf den vorhandenen Kompetenzen auf. Diese positive Herangehensweise stärkt das Selbstbewusstsein des Schülers und damit die Motivation, Neues zu lernen.

Leistungsfähigkeit sichtbar machen

Die Portfolio-Arbeit dient der **objektiven Leistungsbewertung**. Anhand der mit dem Fachlehrer vereinbarten Kriterien kann der Schüler objektiv messen, ob er das jeweilige Ziel erreicht hat:

▶ **er lernt, seine eigenen Arbeiten auszuwerten,**

▶ **er wird sich seines eigenen Lernstils bewusst**

▶ **und er wird in die Lage versetzt, seinen Bildungsprozess zunehmend selbst zu steuern und Arbeitsschritte selbstorganisiert zu planen.**

Da das Portfolio selbst kleine Lernfortschritte sichtbar macht, dient es auch als Grundlage für die **Schüler-geleiteten Elterngespräche**. Indem er seine eigenen Arbeiten erläutert, wird dem Schüler bewusst, was er erreicht hat und woran er weiterarbeiten muss. Für die Eltern werden Lernfortschritte ebenfalls sichtbar. Sie können mit Hilfe von Portfolios und Logbüchern an den Lernprozessen ihrer Kinder teilhaben, sie durch motivierende Kommentare im Lernen bestärken. So stehen die Schüler im Zentrum der Eltern-Gespräche, denn es geht um ihren Lernprozess.

Die Einführung von Portfolios

An der KLAX-Grundschule begannen wir vor knapp zwei Jahren, mit Portfolios zu arbeiten, und begleiteten die Einführung von „Lernen mit Zielen" durch eine intensive Schulentwicklungsmaßnahme. In Workshops und Lerngruppen, die von beratenden Hospitationen begleitet wurden, machten wir uns klar, wie ein Beginn aussehen kann, und setzten

uns Ziele, die uns bei der Umsetzung des Portfolio-Konzepts halfen. Bei unserer Auseinandersetzung mit unterschiedlichen Vorstellungen von Portfolio-Arbeit (Fach-, Präsentations- und Entwicklungs-Portfolios) kamen unterschiedliche Werthaltungen und Motivationen zum Vorschein. Schnell stellten wir fest, das es notwendig war, sich auf einen gemeinsamen Weg zu einigen und ihn dann konsequent zu gehen. Das setzte voraus, sich mit dem eigenen pädagogischen Selbstverständnis auseinanderzusetzen, um eine Ebene gemeinsam getragener Werte zu finden: den **Wertegrund**. Ein Wertegrund ist keine bloße Absichtserklärung, sondern der Boden, auf dem wir stehen, auf dem Pädagogen, Schüler und Eltern täglich zusammenarbeiten. Standards und klare Regeln müssen ihn flankieren, an deren Umsetzung alle beteiligt sind (vgl. dazu auch S. 22 ff.).

Eine Einsicht, die sich aus der Diskussion möglicher Wege ergab, war, dass für das „Lernen mit Zielen" nicht jede Portfolioform in Frage kommt. Um „Lernen mit Zielen" umzusetzen, reicht das Präsentations-Portfolio nicht. Die Schüler müssen ein **Entwicklungs-Portfolio** führen, in dem sie ihre Lernergebnisse und Lernfortschritte kontinuierlich dokumentieren und das sie ein ganzes (Grund-)Schulleben über begleitet. Damit ist das Portfolio auch ein objektives Bewertungsinstrument für den individuellen Lernfortschritt, vor allem deshalb, weil es dokumentiert, wie Ziele erreicht wurden.

In das Portfolio gehören **Schüler-Arbeiten**, die belegen, dass ein Ziel erreicht worden ist. Alle Arbeiten, die für das Portfolio ausgewählt werden, müssen vorher im Gespräch mit dem Fachlehrer anhand vereinbarter Kriterien ausgewertet werden. Die Auswahl wird anhand dieser Qualitätskriterien begründet. Es geht also gerade nicht darum, besonders „schöne" Dinge abzuheften, sondern **Beweise für Lernen** zu sammeln. Die Zielerreichung und die Auswahl wird von Schüler und Lehrer gemeinsam reflektiert. Sie überprüfen gemeinsam, ob die geforderte Kompetenz tatsächlich erworben und das Lernziel erreicht wurde.

Das Entwicklungs-Portfolio ist vor allem ein pädagogisches Mittel, denn es verbindet den Anspruch, individuelle Leistung mit dem Ziel der Verbesserung und mit dem Ziel des Voranschreitens zu dokumentieren. Anhand der Lernbeweise, die die Schüler plastisch vor Augen haben, fällt ihnen die Reflexion des Geleisteten leichter. Sie können mit Hilfe ihres Portfolios erklären, was sie gelernt haben. So begreifen sie nach und nach, wie sie lernen.

Aufbau des Portfolios

Unsere **Formulare**, die Sie zum Teil im Anhang als Kopiervorlagen zu diesem Buch finden, stellen in erster Linie eine Stütze dar, mit deren Hilfe Sie den Auswahlprozess ritualisieren und strukturieren können. Die Portfolios erhalten dadurch eine **einheitliche Form**, die es Lehrern, Schülern und Eltern erleichtert, sich zurechtzufinden. Fortschritte in der individuellen Lernentwicklung, über längere Zeit chronologisch abgebildet, werden sichtbar. Das Portfolio muss daher aufgebaut sein wie ein **Buch**, in dem man die wesentlichen Etappen des individuellen Bildungsprozesses eines Schülers wie in Kapiteln verfolgen kann.

Es geht also nicht darum, einen Wust von Arbeitsblättern, ergänzt von bunten Bildern, Fotos und Zeichnungen, geordnet aufzubewahren, sondern chronologisch und akribisch Beweise zu sammeln, dass und wie ein Schüler etwas kann.
Anfangs machten wir den Fehler, zu glauben, man müsse die Formulare um der Formulare wegen ausfüllen. Doch darum geht es nicht. Die Vorlagen sorgen vielmehr zunächst dafür, dass Schüler, Pädagogen und Eltern lernen, wie das **Lernen nach dem Qualitäts-Kreis** funktioniert. Sie helfen, den Reflexionsprozess anzuregen, und strukturieren ihn im Sinne von plan, do, study, act (PDSA)

dadurch, dass sie eine Ordnung in die Dokumentation des Lernfortschritts bringen. Auf den dafür vorgesehenen Formularen begründet der Schüler seine **Auswahl** oder plant seine **weiteren Arbeitsschritte** im Hinblick auf die anstehenden Ziele. Der Pädagoge kommentiert dies. Bei der Kommentierung achtet der Lehrer darauf, dass das vom Schüler Erreichte positiv hervorgehoben wird. Mit dem Schüler wählt er diejenige Arbeit für das Portfolio aus, die am besten belegt, dass das gesetzte Ziel erreicht wurde. Arbeiten, die zeigen, was ein Kind nicht kann, gehören nicht in das Portfolio! Die Reflexion dient der **Bewusstwerdung des eigenen Lernweges**: Im Gespräch mit dem Pädagogen erkennt der Schüler, was er gelernt hat (Ziel), wie und warum er es gelernt hat und auf welche Weise er das

Gelernte in anderen Kontexten anwenden kann. So ermöglicht die Portfolio-Methode **selbstgesteuertes Lernen** und schafft Motivation durch die objektive Selbstbewertung der Leistungen.

Im Folgenden stellen wir Ihnen einige unserer **Vorlagen und Formulare** vor und berichten, wie und wann wir sie in den Portfolios der Schüler einsetzen. Da die meisten Bögen sich selbst erklären, verzichten wir auf wortreiche Beschreibungen und lassen die Schüler durch die Formulare zu Wort kommen. Ihre kreativen Selbstdarstellungen und Zielauswertungen sprechen für sich und machen der Annahme, Formulare würden unweigerlich Formalismus nach sich ziehen, den Garaus. Lassen Sie sich von ihnen anregen und zu eigenem Umgang inspirieren.

Vorlagen und Formulare für ein Portfolio

1) Als ich noch ... war

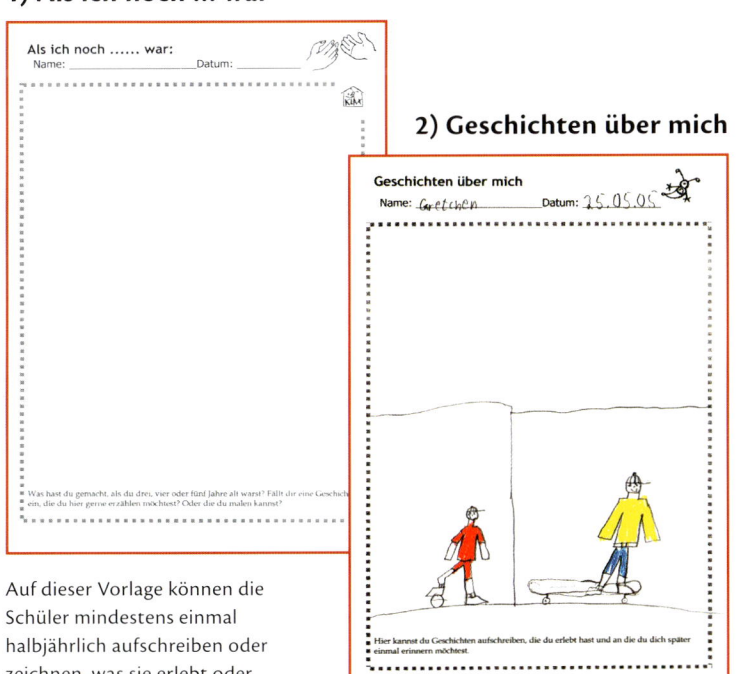

2) Geschichten über mich

3) Checklisten

Auf dieser Vorlage können die Schüler mindestens einmal halbjährlich aufschreiben oder zeichnen, was sie erlebt oder gemacht haben, als sie jünger waren. Dadurch wird ihnen bewusst, was sie in der Zwischenzeit gelernt haben.

Auf dieser Vorlage können die Schüler besondere Erlebnisse festhalten. Die Seite sollte mindestens einmal halbjährlich erneut ausgefüllt und ins Portfolio aufgenommen werden. Schüler, die noch nicht schreiben, können Bildergeschichten verfassen.

Die Checklisten mit den **fachbezogenen Zielen**: Sie werden als „Startseite" pro Fach im Portfolio einsortiert. Die Checkliste für die **sozialen Ziele**: Sie wird nach jedem Schulhalbjahr in das Portfolio geheftet. Eine Abbildung finden Sie auf S. 24.

4) Das bin ich

Das bin ich
Datum: 24.05.05

Ich heiße: Jacob Slobba

So alt bin ich gerade: 10

So groß bin ich gerade: 1,34 cm

Damit spiele ich gerade am
liebsten: Maschinenbaukasten, Legozeug

In der Schule interessiere ich mich gerade besonders
dafür: Den Deutschunterricht.

Meine Lieblingsfarben, Lieblingstiere, Lieblingsmenschen sind
gerade: Grün, Blau, Katzen. Meine Mutter, Timo
und Kim, Gretchen.

Das möchte ich noch über mich
erzählen: Ich fahre mit dem Zug
immer zu meinem Vater und
zurück.

Vielleicht bin ich in einem Jahr
so: fast im Gymnasium.

Als Erwachsener möchte ich werden:
Naturforscher, Arzt

Meine Unterschrift: J. Slobba

Die Vorlage „Das bin ich" mit einem Foto, persönlichen Daten und der Selbstdarstellung des Schülers wird jedes Halbjahr neu ausgefüllt und mit einem aktuellen Foto versehen.

5) Das mag ich

Das mag ich:

Name: Jacob S.   Datum: 22.09.05

Meine Lieblingsfarben sind
Grün und Blau

Beßen

Meine Freunde sind:
Paul, Branford,
Timo, Alex Kim
und Theo

Das tue ich gerne:
Am liebsten tu ich
spielen und in
die Schule gehen.

Meine Lieblingstiere:
sind Katzen
und Hunde

Hier bin ich am liebsten:
Am liebsten bin
ich am Rosen-
straße Spiel-
platz und
Zuhause

Mein Lieblingsessen:
ist Spätzle

Das mag ich noch alles gerne: _

Auf dieser Vorlage können die Schüler zu Beginn des Schulhalbjahres aufschreiben, was sie alles mögen. Es ist spannend, am Schujahresende zu vergleichen, was sich bei den Interessen verändert hat.

6) Selbstporträt

Portfolio | Selbstportrait

Male dich und schreibe etwas über dich!

ich Bin frech lustig net manchmal nervig! ich spiele gern mit meinen freunden. ich mag GAMES WORK SHOP & Manga und aba den ganzen Jungs Kram!

Die Vorlage „Selbstporträt" wird alle zwei Monate (Eingangsstufe) oder einmal im Halbjahr (Mittelstufe) von den Schülern ausgefüllt. Sie stellen sich dar und schreiben etwas über sich auf. Die Vorlage ist als Ergänzung der Seite „Das bin ich" gedacht und soll dazu beitragen, sich seiner Persönlichkeit und seiner charakterlichen Eigenschaften bewusst zu werden.

7) Auswahl für das Portfolio

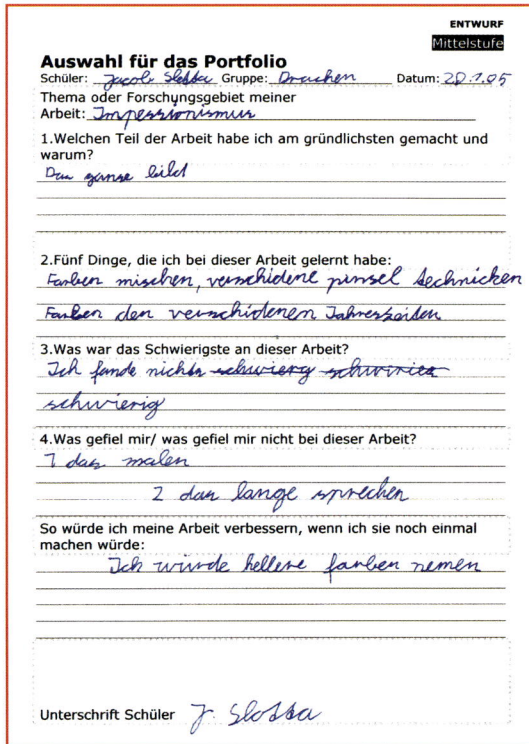

ENTWURF
Mittelstufe

Auswahl für das Portfolio
Schüler: Jacob Slobba Gruppe: Drachen   Datum: 20.7.05
Thema oder Forschungsgebiet meiner
Arbeit: Impressionismus

1. Welchen Teil der Arbeit habe ich am gründlichsten gemacht und warum?
Das ganze Bild

2. Fünf Dinge, die ich bei dieser Arbeit gelernt habe:
Farben mischen, verschiedene Pinsel Techniken
Farben der verschiedenen Jahreszeiten

3. Was war das Schwierigste an dieser Arbeit?
Ich fand nichts schwierig schwierig
schwierig

4. Was gefiel mir/ was gefiel mir nicht bei dieser Arbeit?
1 das malen
2 das lange sprechen

So würde ich meine Arbeit verbessern, wenn ich sie noch einmal machen würde:
Ich würde hellere Farben nemen

Unterschrift Schüler J. Slobba

Das Formular „Auswahl für das Portfolio" ist für komplexe Ziele von den Checklisten vorgesehen. Es dient der ausführlichen Begründung der Zielerreichung und der Auswahl von Arbeiten für das Portfolio.

8) Meine ganz persönlichen Ziele

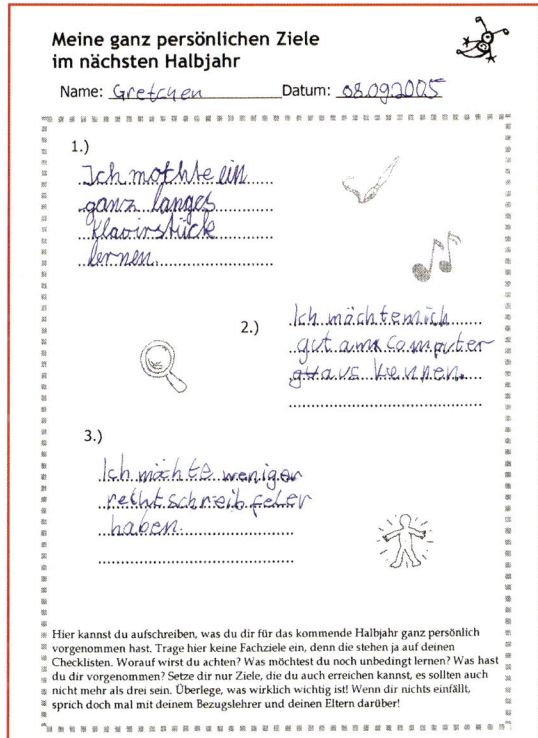

Hier halten die Schüler fest, was sie sich für das kommende Schulhalbjahr vornehmen. Zum Beispiel individuelle soziale Ziele wie „Ich werde montags immer mein Logbuch mitbringen" oder Ziele, die über den Rahmen der Checkliste hinausgehen: „Ich möchte für meinen Bruder ein Aquarium anlegen." Die Seite wird immer in den ersten zwei Wochen eines jeden Schulhalbjahres ausgefüllt.

10) Elternseite im Portfolio

Das Formular „Elternseite im Portfolio" dient der Wertschätzung des Portfolios nach der Halbzeitbilanz im Schülergeleiteten Entwicklungsgespräch.

9) Mein individueller Arbeitsplan

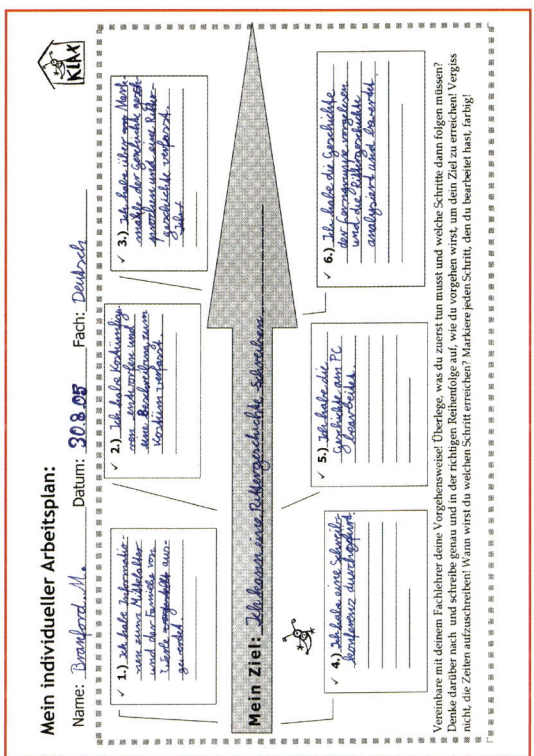

Auf dieser Seite dokumentiert der Schüler nach Absprache mit dem Fachlehrer seine Vorgehensweise bei der Erreichung eines Ziels. Es werden das Ziel oder Teilziel und die jeweils vereinbarten Maßnahmen eingetragen.

11) Geschafft! Gelernt! (Wolkenblatt)

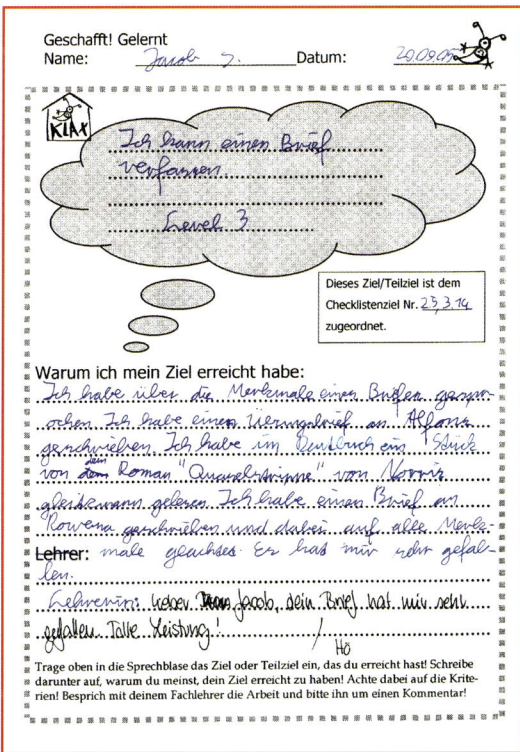

Das Formular ist für die Teilzielauswertung vorgesehen. Es dient der Begründung der Zielerreichung anhand von Kriterien. Mit der Auswahl u. Dokumentation einer Arbeit kommt es ins Portfolio.

12) Auswahl für dich

Auswahl für dich
Name: _____ Datum: _____

Fachlehrer:
Ich habe diese Arbeit für dich ausgewählt, weil ...

Schüler:
Das meine ich dazu ...

Auf dieser Seite begründet dein Fachlehrer, warum er eine Arbeit für dein Portfolio ausgewählt hat und warum er der Meinung ist, dass diese Arbeit einen bedeutenden Entwicklungsschritt sichtbar macht. Gemeinsam mit diesem Blatt heftet er diese Arbeit in dein Portfolio.
Unten kannst du aufschreiben oder diktieren, warum du diese Arbeit nicht selbst in das Portfolio aufnehmen wolltest. Oder du schreibst, dass du mit der Auswahl deines Fachlehrers einverstanden bist.

Ausgefüllt von _____ (Fachlehrer)

Diese Vorlage muss der Fachlehrer ausfüllen, wenn er stellvertretend oder zusätzlich für den Schüler eine Arbeit für das Portfolio auswählt. Der Fachlehrer begründet dem Schüler, warum er meint, dass der Schüler sein Ziel erreicht hat.

13) Selbsteinschätzung

Selbsteinschätzung zum Schuljahresende
Name: _____ Schuljahr: _____ Datum: _____

	ja	mittel	nein
Ich erzähle gerne im Gesprächskreis	☐	☐	☐
Ich höre gerne im Gesprächskreis zu	☐	☐	☐
Ich bin oft in Streit verwickelt	☐	☐	☐
Ich kann meinen Streit alleine lösen	☐	☐	☐
Ich schreibe gerne	☐	☐	☐
Ich lese gerne	☐	☐	☐
Ich rechne gerne	☐	☐	☐
Ich singe/ tanze gerne	☐	☐	☐
Ich male/ zeichne gerne	☐	☐	☐
Ich bastle/ baue gerne	☐	☐	☐
Ich experimentiere gerne	☐	☐	☐

Ich kann besonders gut:

Das muss ich noch üben:

Mir macht in der Schule am meisten Spaß:

Unterschrift:

Das Formular „Selbsteinschätzung" dient der Halbjahresbilanz. Es wird für jedes Fach extra geführt und entsprechend sortiert abgeheftet.

14) Listen mit Teilzielen

Mitunter werden Fachziele der Checklisten, zum Beispiel aufgrund ihres Umfangs, in Teilziele gegliedert. Das ist für die Schüler übersichtlicher, weil die Teilziele kleine Schritte zum Ziel ausweisen, die farblich markiert werden können, wenn die Schüler sie erreicht haben. Die Teilziel-Listen können die Schüler selbst gestalten und ihnen ein individuelles Aussehen verleihen. Eine Abbildung finden Sie auf S. 21.

15) Fotogeschichten

Diese Seite versteht sich als Anregung und ist deshalb nicht explizit als Vorlage aufgeführt. Fotogeschichten können jederzeit und zu den verschiedensten Themen verfasst werden. Nicht immer passt dazu ein Formular. Mindestens einmal halbjährlich soll eine Fotogeschichte ins Portfolio geheftet werden.

16) Mein Lotusplan

Auch diese Seite ist für die Dokumentation der Arbeitsschritte gedacht. Der Schüler trägt nach Absprache ein, wie er vorgehen wird oder – nach der Reflexion – wie er vorgegangen ist. Er trägt das Ziel oder Teilziel und die jeweils vereinbarten Maßnahmen ein. Eine Abbildung finden Sie auf S. 29.

17) Lotus-Diagramm

Das Lotus-Diagramm kann sowohl zur Planung als auch zur Auswertung der Arbeitsweise des Schülers genutzt werden. Im Portfolio dient es zum Beispiel der Dokumentation von Projekten, an denen unterschiedliche Fächer beteiligt waren. Eine Abbildung finden Sie auf S. 28.

Wozu braucht man Sammelordner und Portfolios?

In der Grundschule entstehen täglich viele Arbeiten. Kopiervorlagen, Übungsblätter der Kinder, Zeichnungen oder Schreibproben – Papierberge wachsen, die aufbewahrt werden müssen. Außerdem: Nicht immer ist von Anfang an klar, welche der Arbeiten für das Portfolio ausgewählt werden. Wir haben die Erfahrung gemacht, dass es sinnvoll ist, zusätzlich zu den Portfolios Sammelordner für jeden Schüler einzurichten, die in der Schule aufbewahrt werden. In diese Ordner kann alles geheftet werden, was in den Fächern an Schülerarbeiten anfällt. Sammelordner bieten sich auch an, um die **täglichen Arbeitsergebnisse**, die in den einzelnen Fächern entstehen, aufzubewahren; denn nicht jedes Arbeitsblatt oder jedes Bild kann als Beweis für ein erreichtes Ziel gelten und im Portfolio seinen Platz finden.

Jeder **Fachlehrer** legt einen Hefter als Sammelordner für jeden Schüler an und bewahrt ihn im Fachraum auf. Sowohl fertig gestellte Arbeiten, die nicht für das Portfolio ausgewählt wurden, als auch unvollendete Arbeiten können in den Sammelordnern aufbewahrt werden. Dazu gehören alle mit dem Lernprozess in Verbindung stehenden Übungs- oder Aufgabenblätter, die nicht oder noch nicht als Nachweis für die Erreichung eines Ziels gelten. Inhalte des Sammelordners, die übrig bleiben, nachdem alle Lernbeweise im Portfolio abgeheftet sind, werden von den Schülern mit nach Hause genommen. Dies geschieht **nach der Portfolio-Woche**, die in der vorletzten Woche eines jeden Schulhalbjahres stattfinden soll. Das schafft Platz für die Arbeiten des neuen Halbjahres. (vgl. auch „Die Portfolio-Woche" S. 50 ff.)

Die Form des Portfolios

Die Portfolios der Schüler – Instrumente der täglichen Qualitätsarbeit an der Grundschule – sollten eine **einheitliche Form** haben, damit alle Beteiligten sich darin zurechtfinden. Individuellen Charakter erhalten die Portfolios durch die Inhalte, also dadurch, dass die Schüler die für alle gesetzten Ziele auf individuellen Wegen erreichen: Die Beweise dafür, dass ein Ziel erreicht ist, tragen immer die Handschrift des Schülers und des Lehrers. Bei der **Wahl der Ordner** müssen Sie beachten, dass bereits die jüngeren Schüler mit den Portfolios umgehen sollen. Benutzbarkeit und Stabilität stehen im Vordergrund. An der KLAX-Grundschule verwenden wir weiße Ordner im A4-Format mit festen, abwaschbaren Deckeln.

Der **Inhalt der Ordner** ist nach Jahrgängen gegliedert, wobei jeder Jahrgang in die jeweiligen Unterrichtsfächer unterteilt ist. Dabei bietet es sich an, jedem Fach eine Farbe zuzuordnen. So sind die Fächer beim Blättern im Portfolio leicht zu unterscheiden. Dies ersetzt die Beschriftung der Unterteilungen nicht, aber es erleichtert Leseanfängern die Übersicht.

Bei der **Aufschrift der Ordner** sollten Sie folgende Informationen verwenden:

▶ **Schriftzug „Portfolio"**
▶ **Vorname des Schülers**
▶ **Name der Klasse oder Lerngruppe**

Zu Beginn des Schulhalbjahres sollten Sie sich unbedingt die **Zeit** nehmen, die **Ordner** mit den Schülern gemeinsam **vorzubereiten**. So bauen sie einen eigenen Bezug zu ihren Portfolios auf und lernen, wie sie zu benutzen sind. Dabei können Sie den Schülern die Qualitätsarbeit mit Zielen an einfachen Beispielen erläutern und die Bedeutung des Portfolios in diesem Zusammenhang erklären. Alle Dokumente im Portfolio sollten in **Klarsichthüllen** aufbewahrt werden, damit sie den täglichen Beanspruchungen standhalten und die Schüler am Ende der Grundschulzeit noch auf Arbeiten aus den ersten Klassen zurückblicken können. Wenn Sie bereits zu Schulhalbjahresbeginn in jedes Portfolio pro Fach fünf leere Klarsichthüllen für neue Arbeiten heften, können die Schüler gleich loslegen. Im Laufe des Schuljahres werden die Hüllen mit Lernbeweisen ergänzt.

Die Schüler können die **Innenseiten** ihrer Portfolio-Ordner individuell gestalten. Dabei sollten Sie beachten, dass die Mappen Arbeitsinstrumente sind, die dokumentieren, was die Kinder gelernt haben und in welche Zusammenhänge sie ihr erworbenes Wissen setzen können. Arbeitsergebnisse, die ihrer Größe oder ihres Umfangs wegen nicht in die Mappen passen, zum Beispiel Plakate, können in Form von **Fotos** oder **Berichten** dokumentiert werden.

Jedes Kind ist anders, und die Portfolios tragen die unterschiedlichen Handschriften ihrer Besitzer. Regelmäßig sollten deshalb neue Fotos der Schüler in die Ordner aufgenommen werden. Außerdem gehören Dokumente in die Portfolios, mit denen die Schüler etwas über sich erzählen: Was sie mögen oder am liebsten tun, worüber sie gerade nachdenken ...

Weitere Dokumente, die den Ordnern eine persönliche Note verleihen:

▶ **Selbstporträts**
▶ **ein Buch oder Heft „Über mich selbst"**
▶ **Interviews von Erwachsenen und Mitschülern mit dem Kind**
▶ **Texte und Fotos zu Themen wie:
  Was mache ich in den Pausen? Was war in diesem Jahr am schönsten? Eine Arbeit, auf die ich sehr stolz bin. Was ich über verschiedene Fragen denke.
  Meine Ideen: Was ich probieren möchte.
  Meine Interessen und meine Talente: Was kann ich besonders gut?**

Ziel sollte sein, dass die Schüler eigene Ideen entwickeln, mit welchen Dokumenten sie ihre Portfolios zu **individuellen Lerntagbüchern** ihrer Schulzeit machen könnten.

Die Auswahl von Beweisen

Wann wählen die Schüler Arbeiten für ihre Portfolios aus und wie wird die Auswahl begründet? „Lernen mit Zielen" erfordert die Arbeit mit Entwicklungs-Portfolios. Deshalb haben wir uns in der KLAX-Grundschule darauf geeinigt, für die Auswahl **keine festen Termine** zu vereinbaren, sondern den Auswahlmodus in das Unterrichtsgeschehen zu integrieren. Das heißt: Die Auswahl der Lernbeweise erfolgt **nicht** unabhängig vom Lernprozess, wie das zum Beispiel bei Präsentations- und Projekt-Portfolios der Fall ist. Dies hätte nämlich zur Folge, dass der Qualitäts-Kreis unterbrochen wird. Eine Arbeit wird immer dann ausgewählt, wenn Schüler und Fachlehrer im Gespräch anhand der vereinbarten Kriterien feststellen, dass **ein Ziel erreicht** wurde. Die Auswahl ist also nicht an einen bestimmten Termin gebunden, sondern kann zu allen Zeiten des Tages erfolgen, aber immer im Gespräch mit dem jeweiligen Fachlehrer.

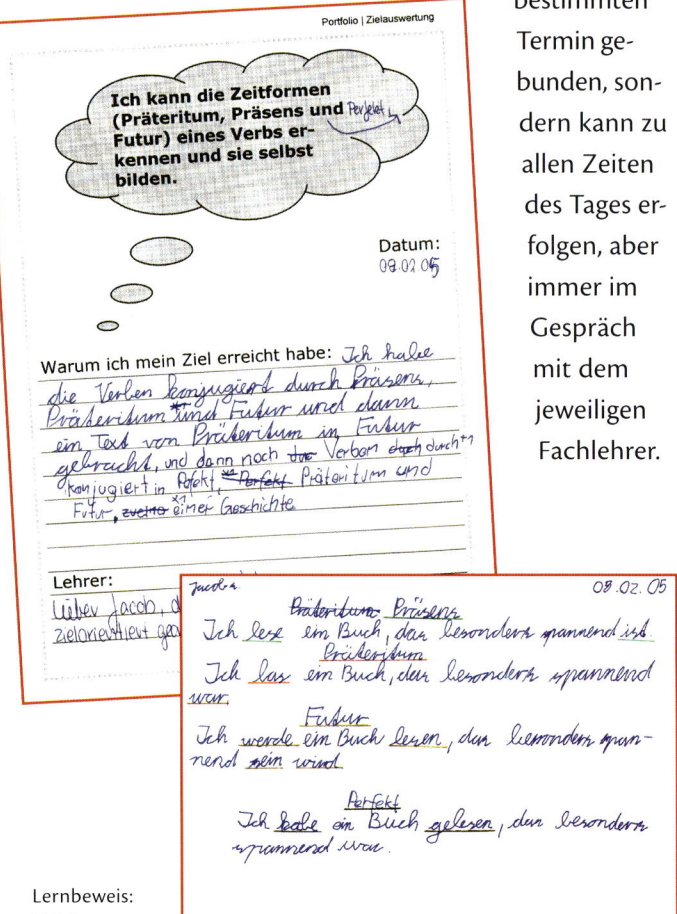

Lernbeweis:
Zeitformen

Die Arbeit mit dem Portfolio ist Grundlage selbstreflektierten Lernens und hilft bei der objektiven Bewertung; sie ist daher immer aktiv. In dem Augenblick, in dem ein gesetztes Ziel erreicht wird und der Schüler dies durch entsprechende Arbeiten belegt, kann er gemeinsam mit dem Fachlehrer die Auswahl treffen. Sie wird begründet und das entsprechende Dokument wird ins Portfolio geheftet. Diese Vorgehensweise erfordert von jedem **Lehrer** ein hohes Maß an **Flexibilität**. Es ist nicht leicht, ein individuelles Auswertungsgespräch zu führen – und sei es noch so kurz – während der Rest der Klasse arbeitet oder mit anderen Dingen beschäftigt ist. Deshalb müssen Sie ausprobieren, was für Sie machbar ist. Bei jüngeren Schülern bis zur zweiten Klasse empfiehlt sich nach unseren Erfahrungen die gemeinsame Auswertung in der Gruppe, an der sich alle Kinder beteiligen.

Die **Schüler** müssen wissen, dass Arbeiten, die für die Portfolios ausgewählt wurden, nicht mehr entnommen werden dürfen. Es ist also nicht möglich, eine Arbeit aus dem Portfolio irgendwann gegen eine andere auszutauschen. In Einzelfällen kann ein Schüler jedoch zu einer Arbeit, die die Erreichung eines Ziels belegt, eine weitere Arbeit als Ergänzung ins Portfolio heften, wenn er der Meinung ist, dass sich die Arbeiten hinsichtlich des Ziels qualitativ unterscheiden. Im Gespräch mit dem Fachlehrer wird die zusätzliche Auswahl begründet. Grundlage für alle **Begründungen** sind die Qualitäts-Kriterien. Wenn den Schülern das Ziel, an dem sie gerade arbeiten, klar ist, wenn sie genau wissen, worauf es ankommt, fällt es ihnen leichter, festzustellen, ob sie ein Ziel erreicht haben. Mit Hilfe der Kriterien und der klaren Zielformulierung lernen sie, ihre Arbeiten zu evaluieren. Bei der Evaluation sollen die

Schüler auf die Kriterien achten. Prüfen sie die Arbeit in Hinblick auf die Zielstellung und die damit verbundenen Kriterien, fällt ihnen die Begründung im Gespräch mit dem Fachlehrer leichter.

Was soll begründet werden? Da es beim „Lernen mit Zielen" vor allem darum geht, das Lernen zu lernen, sollen die Schüler bei der Auswertung in die Lage versetzt werden, zu begründen, warum sie meinen, ein Ziel erreicht zu haben. Dies kann auf unterschiedliche Weise geschehen, denn die Art des Beweises ist abhängig von der Zielstellung. Wenn ein Schüler meint, dass eine von ihm geleistete Arbeit belegt, dass er das Ziel erreicht hat, begründet er das im Gespräch mit dem Fachlehrer und heftet den Beleg in sein Portfolio. Damit sie die ausgewählten Arbeiten besser zuordnen können und beim späteren Durchsichten noch verstehen, was sie beweisen sollten, füllen die Schüler für jede Arbeit das **Wolkenblatt** aus:

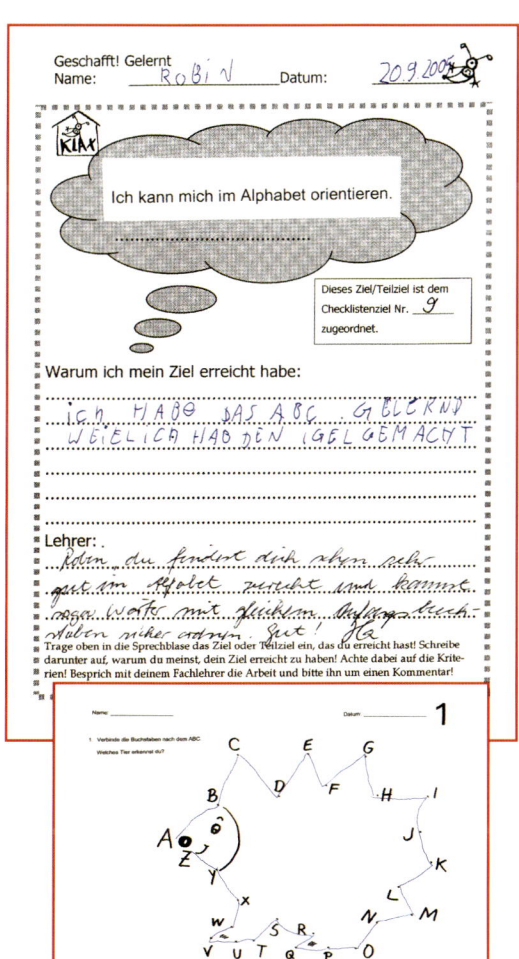

Auf diesem Formular wird auch der Bezug zur Checkliste hergestellt, denn es enthält die Beurteilung der Arbeit. Die Leitfragen des Formulars dienen dazu, die Reflexion der Schüler über ihre Auswahl anzuregen. In erster Linie geht es also um das Nachdenken, um ein **Gespräch über das eigene Lernen**. Die Schüler sollen sich klar werden, warum gerade diese Arbeit belegt, dass sie ihr Ziel erreicht haben. Der Lehrer kann die Auswahl positiv kommentieren und damit die Zielerreichung seinerseits bestätigen.

> **Häufige Bedenken:**
> **„Das geht nicht, weil die jüngeren Schüler noch gar nicht schreiben können", denken Sie vielleicht. Wir meinen:**
> **Bei dem Auswertungsgespräch in der Gruppe kann der Lehrer die wichtigsten Kommentare der Schüler stellvertretend aufschreiben und das Blatt kopieren. Da es vor allem um das Reflexionsgespräch geht, muss nicht jedes Wolkenblatt akribisch ausgefüllt werden, haben uns unsere schwedischen Partner gelehrt. Wichtig ist, dass Ziel und Datum auf dem Blatt stehen, damit der Schüler den Beweis auch später noch zuordnen kann.**
> **Und: Jedes Wolkenblatt ist auch ein Schreibanlass!**

Zugegeben, es braucht ein wenig Übung, bis es gelingt, einen **Lehrerkommentar** positiv, motivierend, knapp und treffend zu formulieren. Wichtig ist, dass Sie begründen, was Sie gut finden, denn nur ein begründetes Feedback bringt die Schüler weiter. Zudem lernen die Kinder von Ihnen, die Arbeiten der Mitschüler ebenfalls anhand der Kriterien zu bewerten. Sie lernen, Kritik anzunehmen und werden zunehmend kritischer gegenüber ihrer eigenen Lernhaltung und den Ergebnissen ihrer Arbeit. Das führt dazu, dass sie aus sich selbst heraus den Anspruch entwickeln, sich zu verbessern. So wächst mit jedem Schritt das Selbstvertrauen in die eigene Leistungsfähigkeit.

Da nicht jedes Teilziel Projekt-Charakter hat, stehen für die Reflexion und Begründung der Erreichung eines Ziels verschiedene Formulare zur Verfügung, die je nach Komplexitätsgrad der Zielstellung bei der Auswahl für das Portfolio zum Einsatz kommen sollten: Das „Wolkenblatt" für die regelmäßige Auswertung der Ziele, das Formular „Auswahl für das Portfolio" für größere, komplexe Ziele (z.B. bei Projekten) und das Formular „Auswahl für dich", wenn der Fachlehrer eine Arbeit für den Schüler auswählt.

Die Formulare werden auf S. 44 ff. vorgestellt. Kopiervorlagen finden Sie im Anhang auf S. 115 – 129. Doch als **Grundsatz** gilt immer: Keine Auswahl ohne Begründung!

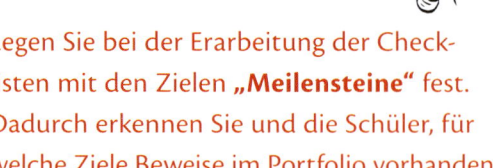

TIPP:

Legen Sie bei der Erarbeitung der Checklisten mit den Zielen **„Meilensteine"** fest. Dadurch erkennen Sie und die Schüler, für welche Ziele Beweise im Portfolio vorhanden sein müssen. Aber: Nicht jedes Teilziel muss und kann im Portfolio abgerechnet werden.

Die Portfolio-Woche

Nachdem wir mit der Portfolio-Arbeit begonnen hatten, schauten wir zum Halbjahresende in die Regale und staunten nicht schlecht. Die Portfolios unserer Schüler waren so prall gefüllt wie die der Schüler einer fünften Klasse in unserer schwedischen Patenschule. Schüler und Lehrer hatten zu viel abgerechnet. Das Märchen vom süßen Brei fiel uns ein, und wir malten uns aus, dass wir für jeden Schüler ein eigenes Regal anschaffen müssen, wenn wir so weitermachen. In Schweden reichten ganze zwei Ordner für alle Lernbeweise eines Schülers von Klasse eins bis sechs! Unsere Portfolios waren zu dick – keine Frage! Deshalb entschlossen wir uns dazu, eine Portfolio-Woche einzuführen, um die Beweise zu sortieren, Checklisten nachzutragen und die Sammelordner zu entlasten. Zudem standen die ersten Schüler-geleiteten Elterngespräche bevor, in denen die Kinder erstmals anhand der Portfolios über ihre Lernerfolge sprechen sollten.
Unsere Erfahrung war: Die Portfolio-Woche lohnte sich, denn wir hatten nicht nur Gelegenheit, die Beweise zu sortieren, sondern vergegenwärtigten uns noch einmal, was im vergangenen Halbjahr alles geschehen war.

Die Dokumente in den Portfolios waren für diese **Reflexion** eine ideale Gedankenstütze und vor allem bei den Schüler-geleiteten Elterngesprächen sehr hilfreich. Beim Durchsehen und Ordnen der Beweise tauchte das vergangene Halbjahr noch einmal wie im Zeitraffer auf.

Schüler-Arbeiten und Dokumente wurden in den Portfolios nach Fächern sortiert und chronologisch geordnet. Einzelne Arbeiten aus den fachspezifischen Sammelordnern oder Heftern vervollständigten die Portfolios. Dabei achteten wir darauf, dass die nachträglich ausgewählten Arbeiten immer in Verbindung mit einem Ziel standen und dass die Auswahl vom Schüler im Gespräch mit dem Pädagogen begründet worden war.

Die Portfolio-Woche sollte den **Schülern** auch dazu dienen, einander und den Lehrern ihre Portfolios vorzustellen. Dabei riefen sie sich die Erfolge des vergangenen Jahres in Erinnerung und lernten zugleich, worauf es bei einer gelungenen Präsentation ankommt. Auf das anschließende Schüler-geleitete Elterngespräch waren sie dadurch gut vorbereitet.

Darüber hinaus diente die Präsentations-übung der gegenseitigen Wertschätzung und Anerkennung der Leistungen. Jedem Schüler machte es Spaß, den anderen zu zeigen, was er kann, was er gelernt hat. Das stärkte das Selbstbewusstsein.

Für uns **Pädagogen** war diese Woche eben-falls von Vorteil, denn wir hatten Zeit, um die Checklisten der Schüler zu vervollständigen. Anhand der Beweise, die vorlagen, konnten wir noch einmal überprüfen, welche Ziele die Schüler in den verschiedenen Fächern erreicht hatten und wo sie noch auf dem Wege waren. Dies war einerseits wichtig, um im Schüler-geleiteten Elterngespräch die Sicht der Lehrer darzulegen. Anderer-seits hatte es unmittelbaren Einfluss auf das Erarbeiten der Checklisten mit den fachspe-zifischen Zielen für das kommende Schul-halbjahr.

In der Portfolio-Woche überprüften die **Fachlehrer**, ob für alle „Meilenstein"-Ziele, die auf den Checklisten der Schüler mit „er-reicht" gekennzeichnet waren, Beweise in den Portfolios vorlagen. Gemeinsam mit den Schülern gingen sie noch einmal die Check-listen-Spalte „Ich bin auf dem Weg" durch. Dabei erkannten die Schüler, die Lehrer und schließlich auch die Eltern auf einen Blick, welche Halbjahresziele erreicht wurden und woran die Schüler im kommenden Halbjahr noch arbeiten müssen.

Werden die Checklisten der Schüler in der Portfolio-Woche noch vervollständigt, sind sie eine unerlässliche Vorbereitung für die **Fachkonferenz** der Pädagogen. Jeder Fach-lehrer kopiert sich die ausgefüllten Listen der Schüler und kann mit ihrer Hilfe einschätzen, welche Ziele von der Gruppe erreicht wurden und welche Ziele auf die Checkliste für das kommende Halbjahr übernommen werden müssen. **Resultat der Portfolio-Woche:**

1) Schüler und Lehrer waren auf das Eltern-gespräch vorbereitet, weil sie Lernwege und Leistungen noch einmal reflektiert hatten.

2) Die Portfolios waren sortiert, die Sam-melordner leer – es herrscht wieder eine Ordnung, die einen guten Start ins neue Schulhalbjahr ermöglichte.

3) Anhand der individuellen Checklisten sahen die Fachlehrer, wo die Lerngruppe steht. Das war eine Voraussetzung für die Besprechung des Ist-Standes und das Fest-legen neuer Ziele in der Fachkonferenz.

An der KLAX-Grundschule führen wir die Portfolio-Woche in der vorletzten Woche vor Halbjahresende durch. Welchen Zeitraum Sie wählen, ist natürlich abhängig von der individuellen Jahresplanung Ihrer Schule. Wichtig ist, dass die Woche vor den Schüler-geleiteten Elterngesprächen stattfindet, denn nur dann sind die Gespräche wirklich konstruktiv.

Schüler-geleitete Elterngespräche

Im Mittelpunkt eines Schüler-geleiteten El-terngesprächs steht der **Schüler und dessen Lernentwicklung**. Zwar deutet bereits der Name darauf hin, doch die Erwachsenen müssen dies erst einmal verinnerlichen, denn es hat mit ihrer Schulzeit, in der sie sich eher

als Objekte der Institution erfuhren, wenig zu tun. Der erste **Grundsatz der Gespräche** ist daher: Es wird nicht über den Schüler gesprochen, sondern der Schüler spricht über seinen Lernerfolg. Er berichtet seinen Eltern, was er kann.

Damit dürfte klar sein, das jede defizitorienterte Sichtweise auf den Schüler generell fehl am Platze ist. Aufgabe der Lehrer und Eltern ist es deshalb, für eine positive, motivierende und wertschätzende Atmosphäre zu sorgen. Das hat nichts mit „Kuschelpädagogik" zu tun, sondern trägt dem Anspruch Rechnung, dass ein Mensch sich nur verbessern kann, wenn er Vertrauen in die eigenen Fähigkeiten und sein Können entwickelt. Im Schüler-geleiteten Elterngespräch sollten **Eltern und Lehrer** dem Schüler vermitteln, dass sie anerkennen, was er geleistet hat – auch wenn er im Vergleich zu anderen Schülern vermeintlich kleine Schritte zurückgelegt hat. Der Vergleich ist ohnehin fehl am Platze, denn das Gespräch dient nicht dazu, die Lernleistung des einzelnen Schülers am Durchschnitt seiner Klasse auszurichten und zu beurteilen, sondern um seine individuellen Erfolge wertzuschätzen. Anhand seines Portfolios kann der **Schüler** seinen Eltern am Ende eines jeden Halbjahres erklären, was er gelernt und welche Ziele er erreicht hat. Die Arbeiten im Portfolio, die als Belege für die Zielerreichung zusammengetragen wurden, machen seine Entwicklungsschritte buchstäblich sichtbar. Mit ihnen kann der Schüler zeigen, auf welche Arbeiten er besonders stolz ist. Am Schüler-geleiteten Gespräch nimmt neben den Eltern auch der **Klassenlehrer** teil. Zur Vorbereitung holt er von den Fachlehrern detaillierte Informationen zum fachlichen Stand des Schülers ein, damit er ihn bei der Darstellung seiner Lernergebnisse unterstützen kann. Während des Schüler-geleiteten Gesprächs kommentiert und ergänzt er die Ausführungen des Schülers.

Das Gespräch soll einen **wertschätzenden und motivierenden Charakter** tragen. Deshalb müssen die Fortschritte des Schülers in den Vordergrund rücken. Gelingt dies, lässt sich leichter über Ziele sprechen, die der Schüler noch nicht erreicht hat, bei denen er noch auf dem Wege ist. Anhand der Checklisten für jedes Fach wird ohnehin auf einen

Blick deutlich, welche Ziele erreicht wurden und welche nicht. Es ist erstaunlich, wie offen und selbstbewusst die meisten Schüler mit der Tatsache umgehen, dass sie nicht alle Ziele erreicht haben. Sie wissen, was sie noch lernen und woran sie noch arbeiten müssen. Sie können darauf vertrauen, dass alle Beteiligten davon ausgehen, was sie können, und nicht davon, was sie nicht können.

TIPP:

Scheuen Sie sich im Gespräch nicht, die Eltern zu unterbrechen, wenn Sie der Meinung sind, dass sie zu wenig problemlösungsorientiert und zu stark auf Defizite fixiert sind. Eltern fällt es oft nicht leicht, ihre Perspektive zu wechseln. Erklären Sie ihnen, dass es nicht darum geht, Lernprobleme schön zu reden oder schwarz zu malen, sondern darum, sie gemeinsam und lösungsorientiert anzugehen. Das erfordert aber, dass auch die Eltern ihr Kind darin bestärken, Vertrauen in die eigenen Fähigkeiten zu entwickeln. Sätze wie „Wann lernst du endlich lesen?" sind nicht hilfreich.

Vor den ersten Schüler-geleiteten Elterngesprächen empfiehlt es sich, einen **Elternabend** zu veranstalten, auf dem Sie den Eltern den Sinn und Zweck der Gespräche erklären. Erklären Sie den Eltern, warum eine positive Herangehensweise wichtig ist und auch in der Wortwahl deutlich werden muss. Helfen Sie den Eltern, sich auf die zunächst neue Situation einzustellen: Ziel des Gesprächs ist es, den Schüler in seiner Vorgehensweise zu bestärken und für das Geleistete zu loben, damit er motiviert in das neue Halbjahr starten und sich verbessern kann.

Nachdem der Schüler das Portfolio vorgestellt und seine Perspektive geschildert hat, können Lehrer und Eltern in seiner Gegenwart ihre Sichtweisen darstellen. Dabei dürfen sie nicht über den Schüler hinweg, sondern sollen mit ihm sprechen. Zum Abschluss des Gesprächs füllen die Eltern die

Elternseite im Portfolio aus. Auf dieser Seite geht es darum, die im Portfolio sichtbaren Lernleistungen des Kindes in einem kurzen Text zu würdigen. Dabei haben die Eltern das Portfolio ihres Kindes vor Augen und können erkennen, woran es im vergangenen Halbjahr gearbeitet hat. Die ausgefüllte Seite heftet der Schüler danach in sein Portfolio.

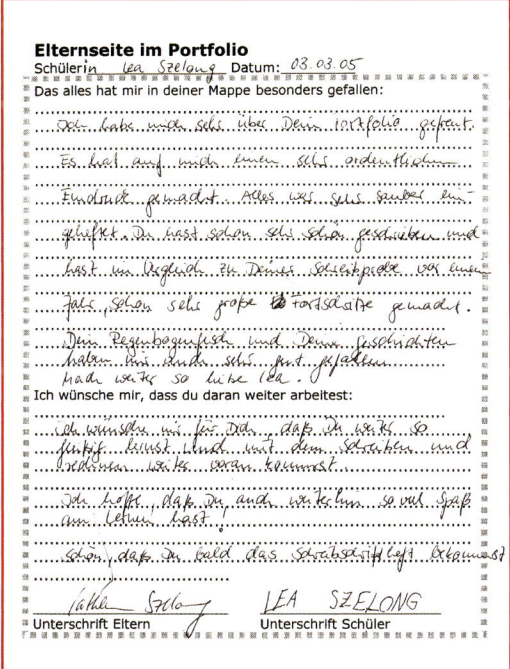

Schüler-geleitete Elterngespräche brauchen einen **geschützten Rahmen**, in dem alle Beteiligten offen miteinander sprechen können. Deshalb sollte ein Raum zur Verfügung stehen, in dem weder andere Kinder noch andere Erwachsene zugegen sind.

TIPP:

Laden Sie die Eltern rechtzeitig zu den Gesprächen mit einem verbindlichen Termin ein. Damit Ihre Arbeitszeit nicht überbeansprucht wird, sollten Sie die Eltern vor dem Gespräch darauf hinweisen, dass nur ein begrenzter Zeitrahmen zur Verfügung steht. Wir haben die Erfahrung gemacht, dass 30 bis 40 Minuten pro Gespräch ausreichen. Das klappt aber nur, wenn Sie gut vorbereitet sind und sich nicht scheuen, Schüler oder Eltern zu unterbrechen, um zu einem anderen Fach überzugehen. Bieten Sie den Eltern in der Schule einen Ort an, an dem sie sich das Portfolio ihres Kindes in Ruhe anschauen können. Konzentrieren Sie sich vorrangig auf die aktuellen Lernbeweise aus den Fächern, denn es ist nicht möglich, jedes Dokument eingehend zu besprechen.

Das Logbuch

Ziele, die ein Schüler erreichen möchte, müssen nicht nur verständlich formuliert und mit Kriterien hinterlegt sein, sondern sie müssen in erster Linie an jedem Schultag **präsent** sein. Das gilt erst recht, wenn Sie „Lernen mit Zielen" in der Form des offenen Unterrichts und der Projektarbeit umsetzen möchten. Die Schüler müssen nicht nur genau wissen, woran sie gerade arbeiten, sondern sie sollen auch die Möglichkeit haben, ihre nächsten Schritte mit dem Fachlehrer zu planen. Einige Ziele auf den Checklisten lassen sich auf dem Weg der Projektarbeit

ideal erreichen. Um zunehmend selbstständig und verantwortungsvoll mit Lerninhalten umgehen zu können, müssen die **Schüler lernen, ihre freien Lern-, Arbeits- und Übungsphasen strukturiert zu planen**. Dazu brauchen sie ein Instrument, um die vergangene Woche auswerten und die kommende Woche vorbereiten und planen zu können. Aus diesen Gründen haben wir, angeregt von Erfahrungen aus Schweden, das **KLAX-Logbuch** entwickelt, das als ein Instrument der Qualitätsarbeit die Methode des „Lernens mit Zielen" unterstützt.

Das KLAX-Logbuch vereint mehrere Funktionen:

▶ In erster Linie ist es ein **Reflexions- und Planungsinstrument der Schüler**, das ihnen den täglichen Umgang mit fachlichen und sozialen Zielen erleichtert. Im Logbuch halten sie ihre aktuellen Ziele und die Wahl der Levels fest, müssen also das immer umfangreicher werdende Portfolio nicht überall hintragen. Im Logbuch vermerken sie, in Absprache mit dem Lehrer, die konkrete Arbeit am Ziel, schreiben ihre Schritte, Wege oder Methoden auf und notieren, was sie gemacht haben. Das Logbuch ist also eine Art Tagebuch, das die Schüler über den tatsächlichen Stand ihres Lernens führen.

▶ Zum anderen macht das Logbuch die **Bildungsarbeit der Pädagogen für die Eltern transparent**. Anhand des Buches können die Eltern genau erkennen, woran ihre Kinder gerade arbeiten, was sie lernen. Damit unterstützt das Buch den Anspruch der Eltern auf Information und kommt der partnerschaftlichen Zusammenarbeit zwischen Eltern und Pädagogen zugute.

▶ Darüber hinaus ist das Logbuch auch eine Art **Vermittler**, denn es hilft den Schülern, auf die stereotype, aber zweifellos berechtigte Frage der Eltern „Na, wie war es in der Schule? Was macht ihr gerade?" zu antworten.

Wie funktioniert das Logbuch?

Das Logbuch begleitet die Schüler jeden Tag und in jeder Unterrichtsstunde. Sie tragen es immer bei sich. Wenn die Schüler ein Ziel erreicht, ihre Leistungen ausgewertet haben und sich in Absprache mit dem Lehrer ein neues Ziel oder Teilziel setzen, tragen sie dies in ihr Logbuch ein. Dafür ist im Logbuch die Seite „Meine fachlichen Ziele" vorgesehen:

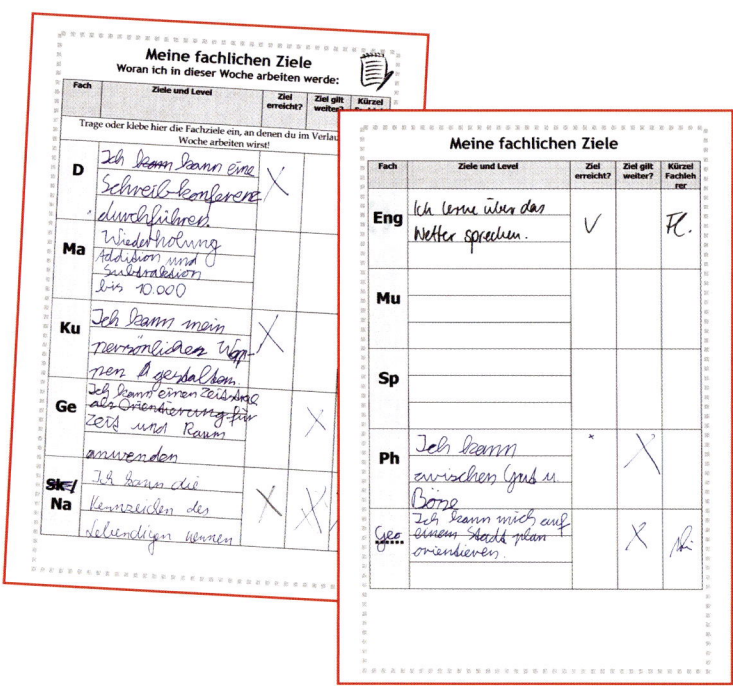

Wenn nötig, können die Fachlehrer Ziele auch in Form von Kopien an die Schüler ausgeben, die die Kinder dann ins Logbuch einkleben. Wichtig ist dabei, dass zu den jeweiligen Fachzielen auch **Angaben über die Levels** gemacht werden. In Absprache mit dem Fachlehrer entscheiden sich die Schüler für einen der Levels und kreuzen ihn auf dem Ziel-Formular im Logbuch an (vgl. Abb. S. 32). Leistungsdifferenzierung ist allerdings nur sinnvoll, wenn es nicht allein den Schülern überlassen bleibt, welchen Level sie wählen. Sie können sich verbessern, wenn sie sich den Herausforderungen auf der Basis ihres Könnens stellen. Beraten Sie deshalb Ihre Schüler und lenken Sie die Level-Wahl, wenn nötig. Ist das Ziel eingetragen oder eingeklebt, der Level gewählt und die Vorgehensweise mit dem Fachlehrer besprochen, kann die Arbeit losgehen.

Das Logbuch ist ein **Arbeitsinstrument**, das die Ziele für die Fächer, die Koordination und Planung für die Schüler sichtbar macht und sie daran erinnert, welche Schritte noch zu erledigen sind. Aus dem Logbuch können sie ablesen, was sie zu tun haben und wann sie welchen Fachlehrer treffen. Das ist besonders dann von Bedeutung, wenn sich zu bearbeitende Ziele über einen Zeitraum von zwei oder mehr Wochen erstrecken. Mit dem Ziel sollte im Logbuch deshalb auch der Zeitraum vereinbart werden, in dem es erreicht werden soll. So entsteht Verbindlichkeit.

Um die Planung der Zeit und der Schritte auf dem Weg zum Ziel für den Schüler übersichtlich zu gestalten, sind im Logbuch **einzelne Tage** (Tagesseiten) aufgeführt, ähnlich der Einteilung eines Kalenders oder Hausaufgabenheftes (vgl. Abb. oben). Die Schüler tragen hier die mit dem Lehrer vereinbarten Unterrichts- und Kursstunden ein und notieren Vorhaben, die im Verlaufe der Woche anstehen. Darüber hinaus dokumentieren

sie im Logbuch täglich kurz, was sie in den verschiedenen Fächern gemacht haben. Dies sind wichtige Schritte auf dem Weg, das Lernen zu lernen. Die Frage „Was hast du gemacht?" regt das Nachdenken darüber an, was und wie man etwas gelernt hat.

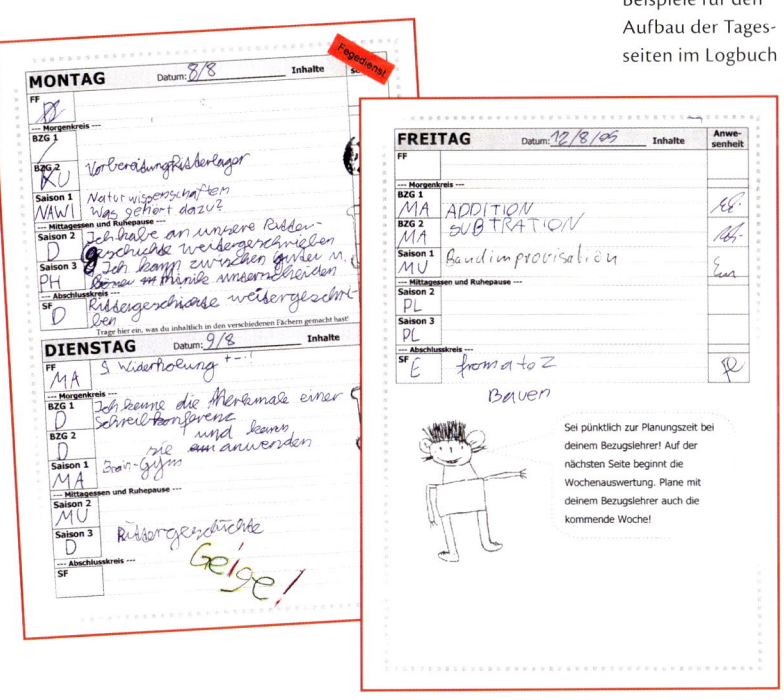

Beispiele für den Aufbau der Tagesseiten im Logbuch

Auf den Seiten für die einzelnen Wochentage ist natürlich nur Platz für eine kurze Notiz. Für **Kinder, die noch nicht schreiben können**, kann der Lehrer Symbole vorbereiten oder eine Notiz zur Stunde an der Tafel vorschreiben. Auch hier geht es wieder um die Verbindung mit dem abschließenden Gespräch. Indem die Schüler ihre Eintragungen vornehmen und darüber sprechen, was in der Stunde abgelaufen ist, was sie gemacht haben, reflektieren sie ihr Lernen. Anfangs haben wir gestaunt, dass selbst Schüler im Alter von sechs Jahren am Wochenende ihren Eltern anhand der Aufzeichnungen im Logbuch berichten konnten, was in der vergangenen Woche passiert war. Inzwischen ist das ganz normal. Die eigenen Schriftzeichen und Symbole im Logbuch liefern ihnen Anhaltspunkte, um die Woche noch einmal Revue passieren zu lassen – obwohl sie noch nicht lesen können.

Gute Zusammenarbeit mit den Eltern erfordert, dass Sie die Logbuch-Eintragungen und -Aufzeichnungen jüngerer Schüler durch eine prägnante Notiz zum Inhalt der Stunde oder des Tages ergänzen. Häufig reicht ein Stichpunkt, zum Beispiel „Zahlenreihen im 100-Raum", um die Eltern kurz zu informieren. Alles andere kann der Schüler berichten. So ist das Logbuch Planungs- und Lerntagebuch zugleich. Gerade in Freiarbeitsphasen und in Schulen, in denen die Schüler – wie bei uns – an der Planung und Wahl ihrer Stunden beteiligt sind, ist die Frage der Anwesenheit wichtig. Deshalb haben wir auf den Tagesseiten eine **Spalte „Anwesenheit"** vorgesehen. Hier bestätigt der Fachlehrer durch sein Kürzel, dass der Schüler anwesend war. Dies ermöglicht dem Bezugslehrer und den Eltern, den Überblick zu behalten.

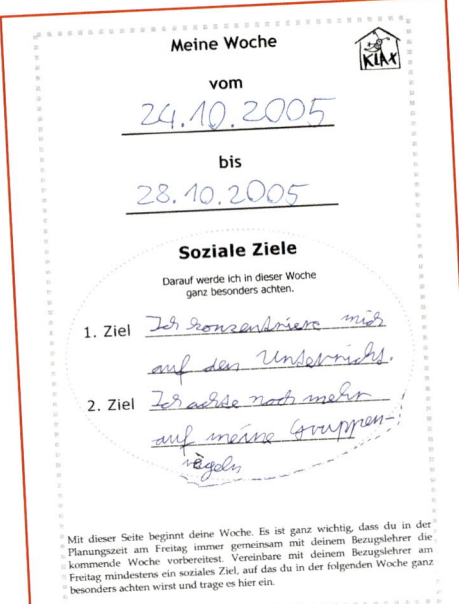

Beispiel für den Aufbau der Logbuchseite: „Meine Woche" inklusive der sozialen Ziele

vereinbart, auf den alle Beteiligten eine Woche lang besonders achten und einander daran erinnern. Dieser Schwerpunkt ist das soziale Ziel, das die Schüler am Ende einer jeden Woche gemeinsam in der Planungszeit auswerten. Für die kommende Woche legen sie mit dem Lehrer ein neues Ziel fest und tragen es in ihr Logbuch ein.

TIPP:

Schüler von der 3. Klasse an können ihre Anwesenheit selbst im Logbuch dokumentieren. Wir haben dafür im Kunstunterricht Anwesenheits-Stempel hergestellt, die der Lehrer gegen Ende der Stunde bereitstellt. Damit stempeln die Schüler das Fach in ihrem Logbuch ab: „Ich war da."

Damit das jeweils aktuelle **soziale Ziel** im Blick bleibt, dokumentieren die Schüler es zu Beginn der Seite „Meine Woche". Soziale Ziele und Regeln müssen präsent gehalten werden, denn sie leiten sich aus dem Wertegrund ab, den Schüler, Lehrer und Eltern als Basis der Zusammenarbeit und des Lernens vereinbart haben. Jüngeren Schülern fällt es anfangs schwer, alle sozialen Ziele gleichermaßen im Blick zu behalten. Deshalb wird – je nach der Situation in der Lerngruppe oder Klasse – ein Schwerpunkt

Manchmal ist es notwendig, mit einzelnen Schülern über ihr Verhalten zu sprechen und auf dieser Basis ein **individuelles soziales Ziel** zu vereinbaren. Auch dies wird im Logbuch verbindlich dokumentiert, aber nicht im Sinne eines klassischen Eintrags ins Hausaufgabenheft, sondern in der Form eines Ziels, auf das sich Lehrer und Schüler verständigt haben.

Soziale Ziele müssen im Unterrichtsalltag immer präsent sein. Werden mit der Lerngruppe ein oder zwei Ziele vereinbart, auf die in der kommenden Woche besonders geachtet werden soll, vermerken die Kinder das im Logbuch. Und das **Portfolio**? Werden soziale Ziele auch im Portfolio ausgewertet? Ja. Wir verwenden dafür das **Spinnendiagramm** (vgl. Abb. S. 24). Auf der Vorlage schätzen die Schüler nach dem Gespräch mit dem Fachlehrer ein, ob oder inwieweit sie das Ziel erreicht haben. Einige Zeit später wird das Spinnendiagramm wieder angeschaut, und die Schüler können prüfen, ob sie sich verbessert haben.

TIPP:

Formulieren Sie soziale Ziele lebensnah und in einer Sprache, die die Kinder verstehen. Schwerpunkte für die Woche ergeben sich immer aus der Alltagssituation. Ein Ziel in einer unserer ersten Klassen lautete zum Beispiel: „Ich hebe in der Garderobe auch Sachen auf, die mir nicht gehören."

Beispiele von Zieleinträgen im Logbuch auf der Seite: „Meine fachlichen Ziele"

Auf der Monatsplanungssitzung einigte man sich auf das Thema „Angst", das in einigen Fächern und mit unterschiedlichen Zielstellungen behandelt wird. Eintragungen im Logbuch könnten lauten:

1) Philosophie

Ziel: *„Ich kann innere und äußere Angst unterscheiden."*
Level 1: *„Ich kann Fantasiebilder und Bilder, die tatsächliche Gefahren darstellen, unterscheiden und zuordnen."*
Level 2: *„Ich kann drei Sätze über eigene innere Ängste schreiben. Ich kann drei Sätze über tatsächliche Gefahrsituationen schreiben, die ich erlebt habe."*

2) Deutsch

Ziel: *„Ich kann ein Gedicht von einem Märchen unterscheiden."*
Level 1: *„Ich kann ein Gedicht vorlesen und achte auf die Betonungen. Ich kann zwei Situationen schildern, in denen die Hauptfigur im Märchen Angst hat."*
Level 2: *„Ich kann ein Gedicht über Angst schreiben, in dem drei Reime vorkommen."*

Für die Auswertung aktueller sozialer Ziele ist im KLAX-Logbuch die Seite **„Wochenauswertung am Freitag"** vorgesehen, auf der die Schüler selbst einschätzen, ob sie auf den sozialen Schwerpunkt der Woche geachtet haben. Mehr darüber lesen Sie im folgenden Abschnitt: „Die Wochenauswertung am Freitag" auf S. 58/59.

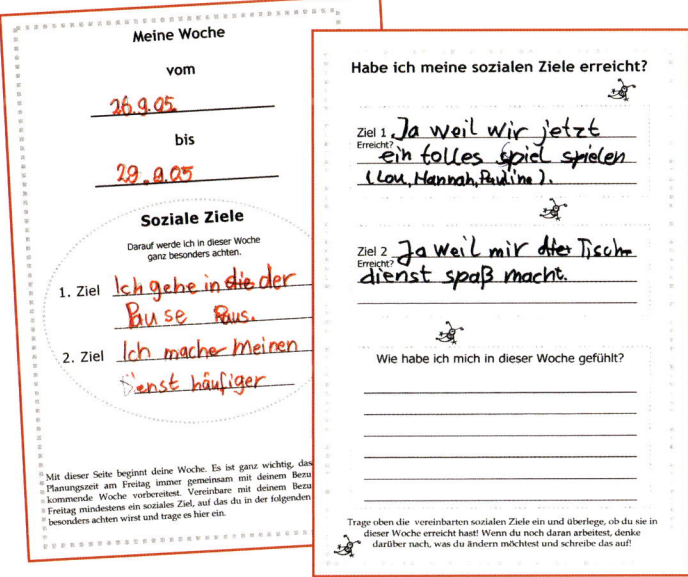

Für **Fachziele**, die im vereinbarten Zeitraum **nicht erreicht** wurden, muss ein neuer Zeitrahmen festgelegt werden. Wichtig ist, dass der Fachlehrer, bei dem das Ziel nicht erreicht wurde, die Ursachen mit dem Schüler analysiert und mit ihm verbindlich einen Zeitpunkt vereinbart, an dem ein weiteres Mal ausgewertet wird, ob das Ziel erreicht wurde. Solche Vereinbarungen müssen im Logbuch dokumentiert werden, damit der Schüler weiß, was er bis wann zu erledigen hat. Darüber hinaus wird ersichtlich, wo eine verstärkte Förderung des Schülers angebracht zu sein scheint.

Wenn ein gesetztes **Ziel erreicht** wurde, hält der Schüler das Datum in der Spalte „Ziel erreicht?" auf der Seite „Meine fachlichen Ziele" fest. Die jüngeren Kinder malen den entsprechenden Smiley aus. Danach bestätigt der Fachlehrer die Zielerreichung mit seinem Kürzel. So kann jeder Schüler stets nachvollziehen, welche Ziele er bereits bearbeitet hat.

Am Wochenende kann er seinen Eltern berichten, was er geschafft hat. Das Kürzel des Fachlehrers versichert den Eltern, dass das Lernziel auch wirklich erreicht wurde. Diese Informationen ermöglichen es den Eltern, den Wochenverlauf mit ihren Kindern zu besprechen und sie zu neuen Herausforderungen zu motivieren.

Die Auswertung, **ob und auf welche Weise Ziele erreicht wurden**, findet mit Hilfe des Zielformulares (Wolkenblatt, vgl. Abb. S. 34) im Portfolio statt. Im Logbuch wird lediglich vermerkt, dass dieses oder jenes Ziel bearbeitet und mit dem Fachlehrer abgerechnet wurde. Das Logbuch ist also ein Organisations- und Planungsinstrument, das die tägliche Arbeit mit dem Portfolio ergänzt.

Täglich reflektieren die Pädagogen mit den Schülern kurz, woran sie gearbeitet und was sie dabei gelernt haben. Dies kann jeweils in den letzten 5 Minuten des Fachunterrichts in Form eines mündlichen Feedbacks mit der Lerngruppe oder Klasse geschehen. In dieser Zeit können die Schüler oder der Lehrer kurze Eintragungen zum Inhalt der Stunde auf den Tagesseiten im Logbuch vornehmen. Die Lehrer bestätigen durch Kurzkommentare oder Kürzel auf der gleichen Seite, dass die Schüler am Lernangebot teilgenommen haben.

Die Wochenauswertung am Freitag

Offene Unterrichtsformen funktionieren nur, wenn hinter ihnen **Strukturen** etabliert sind, die die **Verbindlichkeiten** regeln.

Schüler, die zunehmend Verantwortung für ihren Bildungsprozess übernehmen sollen, müssen an der Stundenplanung beteiligt sein, denn sie gehört wie die Wahl bestimmter Materialien in den Bereich des individualisierten Lernwegs: Ein Schüler benötigt in der Woche nur drei Mathematikstunden, um seine Matheziele zu erfüllen. Ein anderes Kind braucht zwar fünf Stunden, kommt dafür aber in anderen Fachbereichen schneller voran. Wollen Sie „Lernen mit Zielen" in der Grundschule konsequent umsetzen, kommen Sie nicht umhin, sich mit Fragen des **flexiblen Tagesablaufes** zu beschäftigen. Einerseits muss es Zeiten geben, die für alle Schüler einer Jahrgangsstufe verbindlich sind; andererseits brauchen die Schüler Zeit und Raum, um einen Teil der Stunden entsprechend ihrer Ziele selbstverantwortlich zu planen.

An der KLAX-Grundschule besprechen die Schüler deshalb wöchentlich auf der Basis der erreichten und noch nicht erreichten Ziele, welche Fachstunden sie benötigen. Natürlich gilt dies nicht für den gesamten Stundenplan, sondern nur für einen Teil der Unterrichtsstunden. Grundsätzlich werden diese Stunden in Absprache mit dem Bezugslehrer geplant und müssen dann verbindlich vom Schüler besucht werden. Damit die Planung sich am tatsächlichen Leistungsstand des Schülers orientiert und nicht willkürlich zu Stande kommt, haben wir freitags eine **Planungszeit** etabliert, in der die vergangene Woche ausgewertet und die kommende besprochen wird. In dieser Planungszeit werten die Schüler mit Hilfe ihres Logbuches und gemeinsam mit ihrem Bezugslehrer die Woche aus, sprechen grundsätzliche Schwierigkeiten im Lernalltag und das emotionale Befinden an. Dabei behält der Bezugslehrer die Lernentwicklung der Schüler im Blick und kann seine Sicht mit ihnen besprechen. Zu diesem Zweck führt der Bezugslehrer mit jedem Schüler ein kurzes **individuelles Auswertungsgespräch**.

Die Schüler schreiben auf, in welchen Fächern oder bei der Erfüllung welcher Ziele sie in dieser Woche besonders erfolgreich waren,

und reflektieren ihre Woche auf der Seite **„Wochenauswertung am Freitag"**. Im Gespräch mit dem Lehrer versuchen sie, sich zu erinnern, zu welchen Zeiten sie gut gelernt haben, ob und warum sie in dem einen oder anderen Fach Schwierigkeiten hatten.
Der Bezugslehrer und die Schüler können individuelle Vereinbarungen treffen, die im Logbuch auf der Seite **„Notizen"** dokumentiert werden. So kann zum Beispiel ein soziales Ziel, das in der kommenden Woche besonders beachtet werden soll, verabredet und im Logbuch festgehalten werden.

Hier trägt ein Schüler in sein Logbuch ein, wie seine Woche verlaufen ist

Zum Ablauf der Planungszeit

Zunächst sollten die Schüler Gelegenheit haben, sich Gedanken über den Verlauf ihrer Woche zu machen und sie auf der Seite **„Wie war meine Woche?"** zu notieren. Schreibanfänger können Piktogramme verwenden oder Zeichnungen anfertigen. Ziel ist es, das Nachdenken anzuregen und sich auf das individuelle Gespräch mit dem Lehrer vorzubereiten.

Nacheinander treffen sich die Schüler nun mit dem Bezugslehrer, der mit ihnen die Woche auswertet. Die Eintragungen der Schüler kommentiert der Klassen- oder Bezugslehrer auf der Seite für die Wochenauswertung (vgl. Abb. S. 61). Von den Schreibanfängern, die ihre Gedanken

bildlich festgehalten haben, lässt sich der Bezugslehrer erklären, was sie gemeint haben, und fügt in Absprache mit den Kindern kurze Kommentare ein, die auch die Eltern informieren.

Ein Beispiel für die Klasse 1/2

Ein Beispiel für die Klasse 3/4

Im Gespräch mit dem Lehrer legen die Schüler danach die **verbindliche Stundenplanung für die kommende Woche** fest. Dies geschieht mit Blick auf die offenen Ziele, die auf der Seite **„Meine fachlichen Ziele"** (vgl. Abb. S. 54) dokumentiert sind. Dabei sollen die Schüler auf Vorschlag der Fachlehrer auch zusätzliche Übungsstunden berücksichtigen, falls Förderbedarf in einem Fach besteht.

Ergebnis der Planungszeit: Jeder Schüler hat mit seinem Bezugslehrer die Woche ausgewertet und diese Auswertung im Logbuch dokumentiert. Er weiß, zu welchen Zeiten er in der kommenden Woche welches Fach verbindlich besucht, und überblickt, an welchen Zielen er in der kommenden Woche arbeiten wird. Natürlich muss die Planungszeit von den Pädagogen **gesteuert** werden, denn es geht nicht darum, Stunden zu wählen, auf die man gerade Lust hat, und andere Fächer zu meiden. Selbstreflektiertes Lernen soll dazu führen, undifferenzierte Herangehensweisen zu überwinden. Schüler, die sich ihrer eigenen Fähigkeiten und Potenziale bewusst sind und ihren Bildungsprozess verantwortlich mitgestalten, planen die Stunden ein, die sie benötigen, um ihre Ziele zu erreichen. Weil das nicht allen Schülern von Anfang an gelingt und weil alle Kinder klare Vorgaben, verbindliche Regeln und Strukturen brauchen, muss der Lehrer individuell entscheiden, in welcher Form er das Reflexions- und Planungsgespräch steuert.

An der KLAX-Grundschule gibt es Achtjährige, die ihre Stunden relativ selbstständig planen, und Kinder gleichen Alters, denen der Lehrer bei der Planung helfen muss. Kinder lernen das Lernen nicht von heute auf morgen. Sie benötigen dazu viel Zeit, Gespräche und Denkanstöße. Deshalb ist eine Planungszeit, die im Stundenplan verankert ist, wichtig. Sie schafft einen Rahmen für kontinuierliche Gespräche mit dem Klassen- oder Bezugslehrer, in denen die Woche evaluiert und die kommende Woche vorbereitet werden kann.

Häufige Bedenken:
„Individuelle Gespräche sind im Rahmen der Klasse nicht möglich, weil alle Kinder beschäftigt werden müssen", befürchten Sie vielleicht. Wir meinen:

▶ Natürlich kommt der Bezugslehrer nicht umhin, während der individuellen Gespräche mit einzelnen Schülern Sorge dafür zu tragen, dass im Raum nicht alles drunter und drüber geht. Die anderen Schüler können die Zeit nutzen, um ihre Logbücher auszufüllen und ihre Gespräche vorzubereiten, indem sie zum Beispiel Bilder auf der Seite „So war meine Woche" malen.

▶ Zum sozialen Lernen gehört, dass die Schüler verstehen und akzeptieren: Der Lehrer kann nicht mit allen Kindern gleichzeitig sprechen. Nicht sinnvoll ist es nach unserer Erfahrung, einen „Minutentakt" festzulegen. Mit manchen Schülern muss der Lehrer länger sprechen; bei anderen reichen wenige Minuten, wenn ihre Planung in Ordnung ist.

▶ Bei den jüngeren Schülern bieten sich Gruppenauswertungen der Woche an. Im Gruppengespräch können Lehrer und Schüler die sozialen Ziele auswerten und die Woche gemeinsam durchgehen.

▶ Übrigens besetzen wir während der Planungszeiten unsere schuleigenen Spiel- und Ruheräume mit Pädagogen, die für keine Klasse oder Bezugsgruppe zuständig sind. So können Schüler, die ihre Planung bereits abgeschlossen und mit dem Bezugslehrer besprochen haben, eigenen Beschäftigungen nachgehen.

Der motivierende Kommentar

„Lernen mit Zielen" stellt die Schüler in den Mittelpunkt. Kinder, die selbstbewusst mit ihren eigenen Lernergebnissen umgehen, die ihre Fähigkeiten und Potenziale kennen, wissen auch, woran sie noch arbeiten müssen, um besser zu werden. In diesem Zusammenhang wollen wir noch einmal darauf hinweisen, dass wir das Logbuch nicht als „Eintragsheft" verstehen und behandeln. Wer den Lernprozess der Kinder positiv unterstützen und fördern will, muss sich von den klassischen pädagogischen Formulierungsmustern trennen, die wir aus unserer eigenen Schulzeit noch im Ohr haben: „Max hat nicht …" „Max kann nicht …", „Max soll nicht …" Solche Einträge, mit Rotstift für die Eltern ins Hausaufgaben- oder Mitteilungsheft geschrieben, reden nicht nur an den Schülern vorbei, sondern sie maßregeln Leistungen oder Verhalten vollkommen unreflektiert und machen die Kinder klein. Zu einer kritischen Auseinandersetzung des Schülers mit sich selbst und anderen Menschen tragen sie nicht im entferntesten bei.

Bei Gesprächen und Eintragungen im Logbuch müssen deshalb **zwei wichtige Grundregeln** beachtet werden, die simpler klingen, als sie umzusetzen sind:

1) Kommentare und Einträge richten sich immer an den Schüler und nicht an dessen Eltern. Schließlich geht es um seinen Bildungsprozess.

2) Kommentare sollten grundsätzlich die Fähigkeiten, das Können des Schülers herausstellen und so den Weg aufzeigen, auf dem der Schüler fortschreiten kann. Achten Sie auf positive Formulierungen, ohne in „Schönreden" zu verfallen. „Positiv" meint, dass Ihr Kommentar motivierenden Charakter trägt. Es geht immer darum, zu betonen, was der Schüler kann, um dann begründet und reflektiert darzulegen, woran er noch arbeiten muss.

Einträge wie „Max hat wieder den Unterricht gestört" helfen Max nicht, denn er kann daraus keine Handlung ableiten. Er weiß nicht, was er auf welcher Grundlage wie besser machen könnte.

In den KLAX-Logbüchern haben wir für jede Woche ein Feld vorgesehen, in das der Bezugslehrer nach dem freitäglichen Auswertungs- und Planungsgespräch einen an den **Schüler gerichteten Kommentar** eintragen kann. Das kann ein Zweizeiler sein, ein vorbereiteter Text – auf die Formulierung kommt es an. Wenn die Kinder ihre Logbücher über das Wochenende mit nach Hause nehmen, können die Eltern hineinschauen und mit ihren Kindern über die Woche sprechen. Sie haben die Möglichkeit, kurze wertschätzende Statements zur Woche in die Logbücher einzutragen. Dadurch fühlen die Kinder sich in ihrem Tun bestärkt und in ihrem Lernen wahrgenommen.

Spannend war es zu beobachten, wie Lehrer und Eltern der KLAX-Schüler hinsichtlich der Logbuch-Kommentare voneinander lernten und den belehrenden Ton zunehmend ablegten. Auf der nachfolgenden Abbildung finden Sie einen Logbuch-Kommentar:

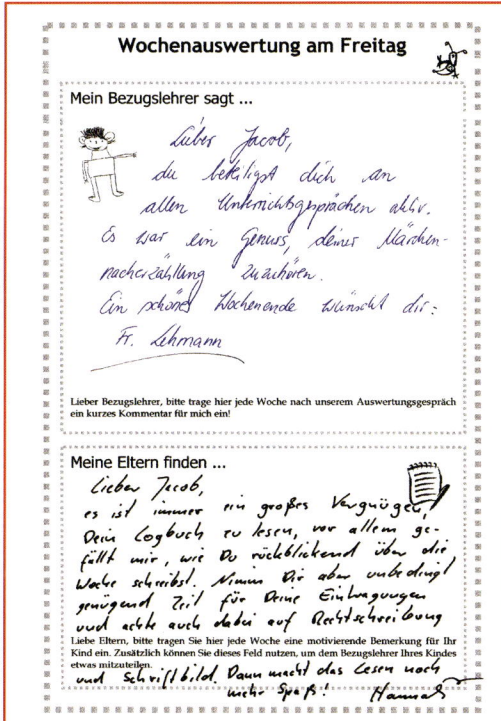

Leistungskontrollen und Tests

Lassen sich Leistungskontrollen, Tests und Klassenarbeiten mit der Methode des „Lernens mit Zielen" vereinbaren? Natürlich, denn in Leistungskontrollen und Tests kann der Schüler zeigen, was er gelernt hat. Allerdings müssen die Tests auf die Ziele und Kriterien abgestimmt sein. Tests müssen zeigen, ob Ziele erreicht wurden. Das ist nicht nur wichtig für den einzelnen Schüler, sondern auch für den Lehrer, der anhand der Ergebnisse der Gruppe ablesen kann, was er an seinem Unterricht gegebenenfalls verändern muss. Daneben sind Lernstandsüberprüfungen auch ein wichtiger Qualitätsnachweis der Schule. In der statistischen Zusammenfassung zeigt sich, wie viele Schüler die Fachziele erreichen. Auf dieser Basis lässt sich feststellen, ob und wo die pädagogische und Unterrichts-Arbeit der Schule verbessert werden muss.

Wie der einzelne Test etwas über die Fähigkeiten und Potenziale des einzelnen Schülers aussagt, belegen die Ergebnisse der statistischen Auswertung den Ist-Stand der Schule, sagen etwas darüber aus, was sie tatsächlich leistet und was sie entsprechend ihres Bildungsauftrages leisten sollte. Gerade bei Schülern, deren Portfolios noch unvollständig sind, weil sie zum Beispiel neu an die Schule gekommen sind, ist es notwendig, erste Einschätzungen auf der Basis von Tests vorzunehmen. Nur wenn der Lehrer etwas über ihr Können, über ihre bereits vorhandenen Fähigkeiten weiß, lassen sich **smarte Ziele** setzen, die erreichbar sind. Aber auch bei Schülern, die über aussagekräftige Portfolios verfügen, sind regelmäßige Tests eine Voraussetzung für ein objektives Urteil hinsichtlich ihrer Leistungsfähigkeit. Das gilt sowohl für die Selbsteinschätzung der Schüler, die wissen wollen, was sie können, als auch für die Bewertung des Lehrers. Lernstandsüberprüfungen geben Schülern,

Pädagogen und Eltern die Sicherheit, dass die gesammelten Lernbeweise in den Portfolios vergleichbare Aussagen über das Können der Schüler liefern.

Lassen Sie uns noch einmal darauf hinweisen: „Lernen mit Zielen" führt dazu, dass Schüler offen und selbstbewusst mit ihrem Können umgehen, dass sie zeigen wollen, wie leistungsfähig sie sind. Dazu gehören Tests und Klassenarbeiten, wenn sie als **Ergänzung zu den Lernbeweisen** in den Portfolios verstanden werden.

Bei der **Auswahl** oder **Konzipierung** von Leistungskontrollen sind einige wesentliche Punkte zu beachten:
„Lernen mit Zielen" setzt darauf, dass die Schüler ihr Wissen anwenden können, dass sie Aussagen überprüfen und Probleme lösen können. Sie sollen ein Bewusstsein hinsichtlich der eigenen Leistungen entwickeln. Deshalb müssen sie lernen, ihre Arbeitsergebnisse zu reflektieren und zu bewerten. Dies lässt sich nicht erreichen, wenn der Lehrer den Test mit einem Geheimnis umgibt, das erst gelüftet wird, wenn die Zensuren feststehen. Im Gegenteil: Die Schüler müssen vorher wissen, was von ihnen verlangt wird, wenn sie ein bestimmtes Ergebnis – eine „gute Note" – erreichen wollen. So schließt sich der Kreis: Die Qualitätskriterien, die den Schülern vor der Bearbeitung eines Ziels klar sein müssen, bilden zugleich den Maßstab für die Beurteilung von Testergebnissen. Dieses Maß an Transparenz muss bei der Vorbereitung von Testsituationen berücksichtigt werden.

Was heißt das konkret?

▶ Jede Arbeit muss so gegliedert sein, dass die Bewertungskriterien für den Schüler **sichtbar** sind. Er muss erkennen und verstehen können: Wenn ich das schaffe, bekomme ich diese Zensur.

▶ Beurteilung und Bewertung des Lehrers sind unmittelbar an den Level gebunden, auf dem der Schüler sich bewegt. Das setzt voraus, dass der Lehrer genau festlegt, **was** er mit dem Test messen möchte. Dieses „**Was**" ist durch die Fachziele, an denen im Vorfeld gearbeitet wurde, klar definiert. Gelingt es dem Lehrer, durch die Wahl oder Konzipierung des Tests die Zielerreichung zu messen, ist er bei der Beurteilung der Lernleistung des Schülers nicht mehr auf sein subjektives Gefühl angewiesen.

Bei dem **Auswerten der Arbeit** kommt es auf den Vergleich der Ergebnisse mit den Kriterien an. Im Gespräch wird den Schülern klar, welche Kriterien sie erfüllt haben und welche nicht. Sie lernen zunehmend, die eigene Arbeit zu bewerten. Um dies zu fördern, sollte der Lehrer ausreichend Zeit in die gemeinsame Auswertung der Tests mit den Schülern investieren.

Im Qualitäts-Kreis kommt der Evaluation entscheidende Bedeutung zu, denn nur auf deren Basis können neue Ziele gesetzt werden. Auf die Auswertung von Lernstandsüberprüfungen bezogen heißt das, dass nach jeder Arbeit ein neues Ziel aus jenen Kriterien geformt werden muss, die noch nicht erreicht wurden.

An vielen Schulen ist dies bei der Rückgabe von Klassenarbeiten und Tests leider nicht üblich. Die Schüler erhalten ihre korrigierten Arbeiten zurück und sehen sich mit einer Note konfrontiert, deren Zustandekommen ihnen unklar ist. Es reicht nicht, unter eine Arbeit zu schreiben, dass der Schüler 20 von 40 Punkten erreicht hat oder dass er sich beim nächsten Mal besser vorbereiten soll. Die Frage ist ja: Worauf? Und wie? Vielmehr geht es darum, auf der Basis des Tests eine qualitative Aussage darüber zu treffen, was der Schüler kann, um danach die notwendigen neuen Schritte zu planen. Sind die Kriterien im Vorfeld klar, gelingt es älteren Grundschülern, ihre Arbeiten selbst einzuschätzen.

Gliedern Sie jeden Test in Abschnitte, die hinsichtlich der getesteten Fähigkeiten aufeinander aufbauen. Diese Abschnitte entsprechen den Leistungsstufen, den Levels. Die Schüler können dadurch auf ihren individuellen Niveaus arbeiten und werden nicht durch zu hohe Anforderungen oder Erwartungen frustriert. Versehen Sie die Abschnitte mit klaren, eindeutigen Kriterien. Welches sind die Punkte, die die Schüler bei der Bearbeitung der Aufgaben im Blick haben müssen?

Häufige Bedenken:

„Es ist zu zeitaufwändig, um die Testergebnisse mit den Schülern eingehend zu besprechen. Da schaffe ich den Stoff des Schuljahres nicht", befürchten Sie vielleicht. Wir meinen:

▶ Der Aufwand zahlt sich aus. Wenn es darum geht, dass die Schüler Metakompetenzen erwerben, wenn es darum geht, dass sie das Lernen lernen, dürfen Sie den Schritt der Auswertung (Evaluation) nicht auslassen. Lernen Schüler, ihre Lernmethoden und Herangehensweisen auf der Basis von konkreten Arbeitsergebnissen zu hinterfragen, sind sie viel besser in der Lage, sich neuen „Stoff" anzueignen.

„Wenn wir mit dem Portfolio arbeiten, brauchen wir keine Tests, denn die Beweise werden ja in den Portfolios gesammelt", wenden Sie ein. Wir meinen:

▶ Schüler, die einmal bewiesen haben, dass sie etwas können, beweisen dies auch gern ein zweites Mal. Außerdem gibt es immer Kinder, die noch nicht bewiesen haben, dass sie die Kernziele eines Fachs erreicht haben. Differenzierte Tests mit klaren Kriterien helfen dabei, herauszufinden, wo das Problem liegt. Andere Schüler können mehr als das, was der Lernbeweis im Portfolio zeigt. Auch dies kann ein Test aufdecken, und der Lehrer kann anspruchsvollere Ziele festlegen.

Kommen Tests ins Portfolio?

Wir haben lange darüber diskutiert, ob Leistungskontrollen und Tests nach der Auswertung in die Portfolios der Schüler gehören. Doch wenn man sich klar macht, dass ein Portfolio immer zeigt, was der Schüler kann, und nie das, was er nicht kann, fällt die Antwort leicht: Natürlich gehören Tests in das Portfolio – aber nur dann, wenn sie zeigen,

dass Ziele erreicht wurden! Eine „verrissene" Leistungskontrolle hingegen hat im Portfolio nichts zu suchen, denn sie zeigt lediglich, was der Schüler nicht kann. Im Sinne der Qualitätsarbeit ist es Aufgabe des Lehrers, einen Test zu überdenken, wenn viele Schüler ihn nicht bestanden haben. Zeigt der Test hauptsächlich, über welche Kompetenzen und Fähigkeiten die Schüler noch nicht verfügen, misst er offensichtlich das Falsche. Wenn Sie einen Test leistungsdifferenziert einteilen, lässt er sich nach der Auswertung auch leicht teilen: Der Abschnitt mit der gelösten Aufgabe wandert kommentiert in sein Portfolio. Die Auswertung der Abschnitte mit ungelösten Aufgaben ergibt neue Ziele. Sie kommen nicht ins Portfolio.

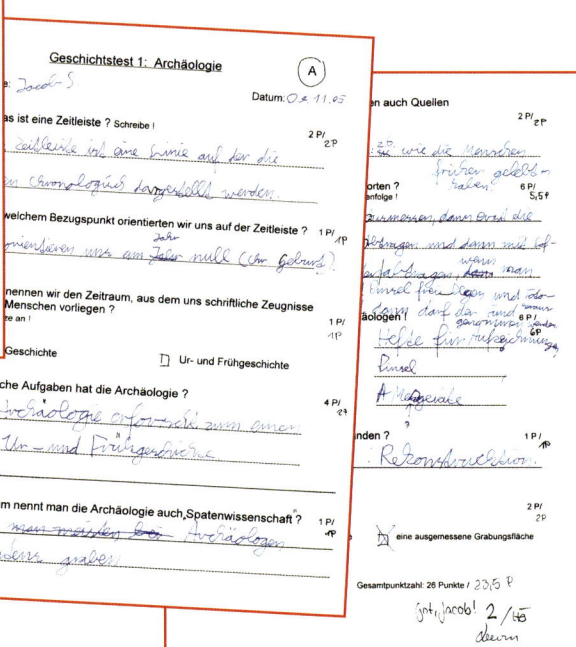

Literaturtipps:

Die in Deutschland erschienene Literatur, der wir wichtige Hinweise für unser eigenes Portfolio-Konzept verdanken:

► Grace, C./Shores, E. F.:
Das Portfolio-Buch für Kindergarten und Grundschule.
Verlag an der Ruhr, 2005.
ISBN 3-86072-943-8

► Easley, S.-D./Mitchell, K.:
Arbeiten mit Portfolios.
Schüler fordern, fördern und fair beurteilen.
Verlag an der Ruhr, 2004.
ISBN 3-86072-869-5

► Brunner, I./Schmidinger, E.:
Gerecht beurteilen. Portfolio: die Alternative für die Grundschulpraxis.
Veritas Verlag, 2000.
ISBN 3-464-25063-6

► Brunner, I./Schmidinger, E.:
Leistungsbeurteilung in der Praxis.
Der Einsatz von Portfolios im Unterricht der Sekundarstufe 1.
Veritas Verlag, 2001.
ISBN 3-464-25067-9

Kapitel 3

Geschichten aus dem Fachunterricht

Unter welchen Bedingungen wachsen Pflanzen?

Die Kinder der KLAX-Grundschule haben Erfahrungen bei der Durchführung von einfachen Experimenten, da dies ein immer wiederkehrender Bestandteil des Sachkundeunterrichts ist. Nach und nach lernen sie, wie sie die Ergebnisse ihrer Beobachtungen dokumentieren können, um Schlüsse daraus zu ziehen – wie richtige Wissenschaftler. Eines der Sachkunde-Ziele, die wir auf der Fachkonferenz für die Schüler der 1. Klasse beschlossen haben, lautet daher: **„Ich kann mittels verschiedener Experimente Lebensbedingungen von Pflanzen erklären."** Das Ziel klebten die Schüler in ihr Logbuch.

Bereits auf der pädagogischen Jahresplanung einigten wir uns darauf, dieses Fachziel im Rahmen einer Naturwissenschafts-Woche zu bearbeiten, an der sich auch andere Fachbereiche beteiligten.

So wurden zum Beispiel im **Fachbereich Kunst** verschiedene Experimente mit Farben und Farbmischungen durchgeführt. Im Atelier gingen die Schüler mit der Kunstlehrerin den Fragen nach: Wie können Farben im Wasser gemischt werden? Welche Effekte können dadurch erzeugt werden? Welche Farben entstehen bei der Mischung der Grundfarben? Was passiert mit den auf Filterpapier aufgetragenen Filzstiftfarben, wenn man sie ins Wasser hält? Aus den Ergebnissen wurden verschiedene Collagen angefertigt.

Im **Fachbereich Musik** probierten wir aus, welche Materialien man als Rhythmusinstrumente benutzen kann. Flaschen und Gläser füllten wir mit unterschiedlichen Materialien und versuchten, darauf Tonfolgen zu spielen. Wir schulten unser Gehör und schafften es schließlich, eine Tonleiter auf Flaschen zu spielen.

Experimentieren wie ein Wissenschaftler

Für die Projekt-Woche hatten wir uns einen Wissenschaftler eingeladen, der mit den Schülern im Rahmen des Sachkundeunterrichts außergewöhnliche naturwissenschaftliche Experimente durchführte. Unser Gast, Dr. Hans-Georg Stammler, ist Naturwissenschaftler an der Fakultät für Chemie der Universität Bielefeld im Bereich der Grund-

lagenforschung. Im Jahr 2001 wurde er für seine Idee zum Projekt „Luftikus" vom Stifterverband für die Deutsche Wissenschaft ausgezeichnet. Vor dem Hintergrund der Eindrücke, die die Schüler der 1. Klasse bei den Experimenten mit Trockeneis bei Dr. Stammler sammelten, begannen wir mit der Arbeit an unserem Ziel.

Planung und Umsetzung

Bei der Umsetzung des Ziels gab es folgende **Schwerpunkte**:

Die Kinder sollten erkennen, dass Experimente und Beobachtungen über unterschiedlich lange Zeiträume hinweg durchgeführt werden müssen, um ein Ergebnis dokumentieren zu können und daraus eine Erkenntnis abzuleiten. Da ihnen der Grundaufbau einer Pflanze bereits bekannt war, sollten sie im Hinblick auf unser Ziel nun genauer hinschauen, um folgende Fragen beantworten zu können:

1) Wie gelangt das Wasser bis in die Spitze der Blätter?
2) Welche Bedingungen brauchen Pflanzen zum Wachsen?
3) Kann man mit Hilfe von Experimenten herausfinden, was Pflanzen zum Leben brauchen?
4) Wie kann man darstellen, was man herausgefunden oder beobachtet hat?

Die Arbeit begann mit der Vorstellung des Ziels und einer kurzen Einführung in das neue Stoffgebiet.

Unterrichtsbeschreibung

In den beiden ersten Klassen arbeiteten wir zwar parallel an dem Ziel, doch die Abläufe unterschieden sich, denn in beiden Klassen gab es unterschiedliche Voraussetzungen und Zeitplanungen. Da die KLAX-Grundschule über einen flexibilisierten Stundenplan verfügt und zu bestimmten Zeiten altersgemischte Gruppen unterrichtet werden, haben die Schüler Spielraum, um eigene Schwerpunkte zu entwickeln und spezifischen Fragen nachzugehen. Deshalb beschränken wir uns bei der Beschreibung der **Bezugsgruppenzeiten**, in denen die Schüler in die Thematik eingeführt und über das Ziel informiert wurden, im Wesentlichen auf die Gruppe „Glöckchen". In den altersgemischten Unterrichtsstunden arbeiteten einige Schüler aus beiden 1. Klassen gemeinsam mit Kindern unserer Vorklasse. Die Altersmischung bot den Vorteil, dass die Kinder voneinander lernten. Sie arbeiteten im gleichen Themengebiet, hatten jedoch unterschiedliche, ihrem Lernstand entsprechende Ziele. In unserem Tagesablauf waren zudem Übungs- und Vertiefungszeiten vorgesehen, die vom Fachlehrer begleitet wurden.

Einführung in das Ziel: Eine Bezugsgruppenzeit in Sachkunde

Bereits in der ersten Stunde zu diesem Ziel zeigte sich, dass der tatsächliche Ablauf von der Planung des Bildungsangebots abwich, weil die Kinder eigene kreative Wege fanden. Nachdem die Kinder das Ziel kennen gelernt hatten und in das Thema eingeführt worden waren, sollten sie zunächst überlegen, welche Dinge wachsen, sich entwickeln, leben. Gemeinsam versuchten wir, alle Vorschläge in einfache Kategorien zu ordnen. Da eine Mitschülerin am Wochenende eine Ausstellung über ägyptische Kultur besucht und ein interessantes Buch über die Lebensweise im alten Ägypten mitgebracht hatte, war an die vorbereitete Einführung vorerst nicht zu denken. In einer ausführlichen Gesprächsrunde über Mumien, die Tücher, in die sie eingewickelt werden, und über das Einbalsamieren erfuhren wir, dass die Gräber der Toten auch große Schätze und Kostbarkeiten enthielten. Nach dem Exkurs in die Grabkammern des alten Ägypten kamen wir auf die Lebenden zu sprechen: **Was brauchen Menschen zum Leben?**

In drei Kleingruppen versuchten die Schüler, dieser Frage nachzugehen. Die **Aufgabe** lautete zunächst:
Malt in die Mitte des Blattes einen Menschen, ein Tier oder eine Pflanze und zieht einen Kreis darum. Stellt dann auf dem Blatt dar, was das in der Mitte gezeichnete Lebewesen zum Leben braucht.
Die Schüler erhielten 25 Minuten Zeit, um die Aufgabe zu bearbeiten. Sie diskutierten die damit zusammenhängenden Fragen angeregt. Im Anschluss daran stellten die Kinder ihre Gruppenarbeiten vor und wurden aufgefordert, sie zunächst nicht zu werten. Es fiel ihnen nicht leicht, nur zuzuhören, besonders, wenn sie einen Fehler entdeckt zu haben glaubten. Zum Beispiel brauchen die

Menschen nach Meinung einiger Schüler unbedingt „Keulen und Cola" zum Leben, was andere Schüler vehement bezweifelten.

Eine andere Kleingruppe hatte sich mit der Frage auseinandergesetzt, **was Pflanzen zum Leben brauchen**. Um eine Blume herum hatten sie die Sonne, den Regen, Wasser aus der Gießkanne und aus einem Wasserschlauch sowie Erdreich gemalt. Wichtig war ihnen, zu erklären, dass die Pflanzen unbedingt Wurzeln zum Festhalten brauchen. Im gemeinsamen Gespräch stellten wir danach die wesentlichen Bedingungen für die verschiedenen Gruppen von Lebewesen zusammen und fanden heraus, was sie brauchen, um zu wachsen.
Zum Abschluss dieser einführenden Stunde blickten die Schüler noch einmal kurz auf ihr im Logbuch eingeklebtes Ziel, es wurde vorgelesen, und das ermöglichte den Ausblick auf die kommenden Stunden. Dabei wurde noch einmal deutlich, dass die Arbeit an einem neuen Fachziel begonnen hatte.

Pflanzen im Schulgarten beobachten

Im Schulgarten schauten sich die Kinder die verschiedenen Pflanzen an und wählten aus,

Arbeitsergebnis von Pina

welche sie abzeichnen wollten. Sie erhielten die Aufgabe, darzustellen, warum viele Pflanzen über Wurzeln, Stängel und Blätter verfügen und was diese drei Elemente mit der Wasserversorgung der Pflanzen zu tun haben. **Dennis**, gerade sechs Jahre alt geworden, zeichnete einen Baum: „Das sind die Wurzeln", erklärt er, als wir über sein Bild sprachen. „Sie trinken Wasser aus der Erde."
Mit dem Finger folgte er den Strichen seiner Zeichnung und sagte: „Das Wasser geht in der Wasserröhre nach oben. Die Wassergänge hier gehen bis in die Blätter." Dennis hatte die „Wassergänge" bis in jede Blattspitze gemalt.
Auch **Pina** arbeitete gewissenhaft. „Das sind die Wassertropfen, die von den Wurzeln aufgesaugt werden." Ganz genau hatte sie die Kapillaren in den Blättern gezeichnet.

Experimentieren mit Pflanzenteilen

In der folgenden Sachkundestunde hatten die Schüler Gelegenheit, verschiedene Experimente mit Pflanzen durchzuführen. Wir untersuchten hauptsächlich Pflanzenteile. Stiele, die von den Kindern aufgeschnitten worden waren, betrachteten wir unter der Lupe. Wir legten einige Teile auf den Leuchttisch und konnten die Kapillaren der Blätter deutlich erkennen. Einige Kinder schauten durch Lupengläser und machten dabei sehr genaue Beobachtungen.

Nachdem wir am Vortag den Stiel einer gelben Blume in Tinte gestellt hatten, wodurch sich die Blüte allmählich dunkel färbte, fragten wir uns: „Verfärbt sich die Blüte einer Rose genau so wie die vorbereitete Blume?" Wir teilten den Stiel der Rose am unteren Ende und stellten die eine Stielhälfte in ein Glas mit Tinte, die andere in ein Wasserglas. Im Laufe des Tages schauten die Kinder immer wieder nach, ob sich die Rose verfärbte. Leider misslang das Experiment beim ersten Versuch, weil wir die Tinte nicht ausreichend verdünnt hatten. Als wir es später wiederholten, klappte es. Die vorbereitete Blüte wurde

ebenfalls auf dem **Leuchttisch** untersucht. Die verzweigten Adern waren deutlich zu erkennen. Einige Schüler probierten Folgendes aus: Nach einer Anleitung bauten sie kleine Kartons, in denen Kartoffeln unter verschiedenen Bedingungen keimen sollten. Andere Schüler verglichen, wie sich Erbsen unter verschiedenen Voraussetzungen entwickeln. Sie setzten die Erbsen in Gefäße mit unterschiedlichen Füllungen. Ein Gefäß wurde mit Erde, ein anderes mit feuchtem Zellstoff und das dritte nur mit Wasser gefüllt.

Ein Kind bei der Arbeit am Leuchttisch

Beobachten und überlegen

Nach einer Vielzahl von kleineren Versuchen und den außergewöhnlichen Experimenten mit unserem Gast, dem Naturwissenschaftler Dr. Stammler, wollten wir einen Augenblick innehalten und die Eindrücke der vergangenen Tage in der **Nachbereitung** reflektieren. Im Gespräch stellten wir fest, dass es Experimente gibt, deren Verlauf sofort dokumentiert werden kann, und andere Versuche, die über einen längeren Zeitraum beobachtet werden müssen. Man muss sich gedulden und Teilergebnisse an verschiedenen Tagen festhalten, um Aussagen über den Verlauf des Experiments oder der Beobachtung treffen zu können. Nach dem einleitenden

Gespräch schauten wir nach, wie sich unsere Pflanzenversuche mit den Kartoffeln und Erbsen entwickelt hatten. Mit der Lupe untersuchten wir die Kartoffeln in den Kartons und fanden erste Keime an der Unterseite der Knollen. Bei den Erbsen wurde es für die Kinder noch interessanter: Zwei Tage hatten die Erbsen in den drei unterschiedlichen Gefäßen gelegen. Der Behälter, der nur mit Wasser und der Erbse gefüllt war, zog die Aufmerksamkeit der Kinder auf sich. „Puh! Das stinkt aber", stellte Billy fest. Der Becher machte die Runde, und die Schüler wollten nun ihre Beobachtungen mit den Erbsen in den anderen Behältnissen vergleichen.

Die auf feuchten Zellstoff gebettete Erbse roch nicht, keimte aber. Die Erbse in der Erde hingegen zeigte gar keine Veränderungen. Gemeinsam versuchten wir, die Beobachtungen bündig zu formulieren: „Wenn zu viel Wasser im Gefäß ist, stinkt die Erbse. Sie fault und zerfällt." „Was könnten wir bis jetzt dokumentieren?" wurden die Kinder gefragt. „Haben wir schon Ergebnisse, die sich aufzeichnen lassen? Welche Pflanze konnte sich in den Versuchen am besten entwickeln?" Nein, ein endgültiges Ergebnis hatten wir nicht. Wir mussten uns weiter gedulden. Doch zu jedem Experiment konnte ein Teilschritt dokumentiert werden. Die faulende Erbse entsorgten wir und füllten das Gefäß mit einem aufgequollenen Torfballen, in den wir eine neue Erbse steckten.

Ein Schüler untersucht Blattstrukturen mit der Lupe

Im weiteren Verlauf der Stunde gingen wir noch einmal auf die Experimente der vergangenen Woche ein, die der Wissenschaftler mit den Erstklässlern durchgeführt hatte. „Gab es bei diesen Versuchen sofort ein Ergebnis, das sich festhalten lässt?" „Klar", sagten einige Kinder und wollten sofort damit beginnen. Zwischen **zwei Möglichkeiten** konnten sie wählen:

1) Versucht, euch eines der an den vergangenen Tagen gemachten Experimente ins Gedächtnis zu rufen, und zeichnet den Ablauf auf. Oder:
2) Ihr könnt auch ein kleines Experiment mit Brausepulver durchführen und die einzelnen Schritte und Ergebnisse gleich aufzeichnen.

Bei diesem Versuch wurde Brausepulver in ein kleines Glas gegeben. Durch das Hinzufügen von Essig wurde das im Brausepulver enthaltene Kohlenstoffdioxid freigesetzt. Mit dem Gas ließ sich dann eine Kerze „wie von Geisterhand" ersticken. Man kann den Versuch auch in einem Reagenzglas durchführen und einen Luftballon darüberstülpen. Er füllte sich mit dem freigesetzten CO_2, worauf die Schüler sehr überrascht reagierten. Bei diesen Experimenten bietet sich die Arbeit in kleinen Gruppen an.

Beweise für das Portfolio

In der darauf folgenden Woche machten sich die Kinder aus den Vorklassen an die Aufzeichnung ihrer **Lernbeweise**. Viele von ihnen waren mit der Bearbeitung ihrer Ziele bereits fertig. Da während der altersgemischten Phasen auch die Kinder der 1. Klassen dabei waren, wurde die Gestaltung der Stunde differenziert. Die Erstklässler der Glöckchengruppe hatten die Möglichkeit, einen **Seerosen-Versuch** nach einer Vorlage selbstständig durchzuführen. Aus Papier schneidet man eine blütenförmige Figur, z.B. eine Seerose. Diese kann mit Buntstiften auf der einen Seite bemalt werden. Legt man sie anschließend in ein Wassergefäß, so kann man beobachten, wie sich die Blütenblätter aufstellen. Papier besteht u.a. aus pflanzlichen Fasern. Füllen sich diese mit Wasser, so quillt das Papier und stellt sich auf. Für die Kinder ist der Versuch interessant, weil sie dabei lernen können, wie das Wasser in den feinen Kapillarröhrchen von Pflanzen aufsteigt. Der Seerosen-Versuch befindet sich in dem anregenden Buch „Spiel, das Wissen schafft" von Hans J. Press (siehe Literaturtipps auf S. 72).

Innerhalb der Gruppe waren die Vorraussetzungen unterschiedlich. Einige Kinder erkannten das Experiment wieder, da sie es schon einmal durchgeführt hatten. Es entstanden ganz unterschiedliche Seerosen, denn nach dem ersten Versuch mit einfachem Papier wollten die Kinder wissen, ob das Experiment auch mit Pappe oder anderen Papierarten funktioniert. Zum Schluss stellten wir noch einmal den Zusammenhang zu den Pflanzen her: Papier wird aus Holz hergestellt. Es hat feine Poren, je nachdem, wie dick es ist. Saugen diese Poren Wasser auf, öffnet sich die Seerosenblüte.

Wissen übertragen können

Mit Hilfe eines weiteren Experiments finden die Schüler heraus, warum manchmal Saft aus Bäumen tropft, wenn ein Ast abgeschnitten wird. Besonders gut lässt sich das im Frühjahr bei der Birke beobachten. Durch einen Plastikhalm (Trinkhalm) stecken die Schüler eine Stricknadel, die sie U-förmig biegen. Diese wird nun über den Rand eines mit Wasser gefüllten Glases gehängt. Allmählich steigt das Wasser durch das Röhrchen und tropft in ein zweites Glas – bis das erste Glas leer ist. Auf diese Weise wird den Schülern verständlich, wie Bäume und andere Pflanzen über die Wurzeln Wasser aufnehmen können, das über die Äste bis in die Blattspitzen steigt. Während der gesamten Zeit probierten sie aus, wie lange Wasser in das Glas nachgefüllt werden kann. Bald stellten sie fest, dass bei gleichem Wasserstand in beiden Gefäßen Stillstand erreicht wird – es läuft kein Wasser mehr nach. Die Kinder fanden auch heraus, dass das Wasser aus dem einen Gefäß anfangs sehr schnell durch den Schlauch in das andere Gefäß läuft. Bei zunehmendem Wasserstand läuft es langsamer.

„Wasser kann nach oben fließen!" war eine wichtige Erkenntnis der Sechsjährigen im Zusammenhang mit Pflanzen, die das Wasser über die Wurzeln bis in die obersten Blätter aufnehmen. Auch dieses Experiment befindet sich im Buch von Hans J. Press (siehe Literaturtipps S. 72).

Im Anschluss daran prüften wir, ob einige Schüler einen **Zielbeweis für ihr Portfolio** formulieren können. Wir sprachen über die verschiedenen Experimente mit den Pflanzen und schauten noch einmal nach den Kartoffeln und Erbsen in unseren Gefäßen. Es gab sichtbare Fortschritte: An den Kartoffeln hatten sich Wurzeln gebildet, und einer Kartoffel, die durch den Karton mehr Licht bekam als andere, war eine grüne Spitze gewachsen. Die Erbse in der Erde hatte einen kleinen Spross mit zwei Blättern entwickelt, aber die Erbse auf dem feuchten Zellstoff roch nun auch unangenehm. Bei der Erbse im Torfballen waren keine Veränderungen zu sehen.

Gemeinsam besprachen wir noch einmal die Kriterien, die erfüllt sein mussten, damit das Ziel erreicht war. Wir haben die Erfahrung gemacht, dass es gerade für jüngere Schüler hilfreich ist, wenn man die **Kriterien mit Skizzen** und **Symbolen** verdeutlicht und sie im Raum aushängt. So können sich die Kinder während des gesamten Prozesses, der sich ja in mehrere Unterrichtsstunden teilt, an den Kriterien orientieren. Erstklässler sollte man jedoch nicht mit zu komplexen Formulierungen überfordern.

Während des Verlaufs der Unterrichtseinheit wurde den Schülern vermittelt, welche **Levels** erreicht werden können:

Level 1: Experimente erkennen. Welche Experimente sagen etwas über die Wachstumsbedingung von Pflanzen aus?
Level 2: Experimente selbst durchführen, beschreiben und skizzenhaft darstellen.

Nun sollten die Kinder überlegen, bei welchen Experimenten sie die Lebensbedingungen von Pflanzen in Betracht gezogen hatten. In welchem Versuch wurde nachgewiesen, dass die Pflanzen Wasser, Erde oder Licht und Wärme brauchen, um sich entwickeln zu können? In der Gruppe reflektierten wir die einzelnen Versuche, die die Schüler durchgeführt hatten. Durch die Beteiligung an den unterschiedlichen Versuchsreihen hatten alle Kinder den ersten Level erreicht.

Ein Beispiel für einen Zielbeweis

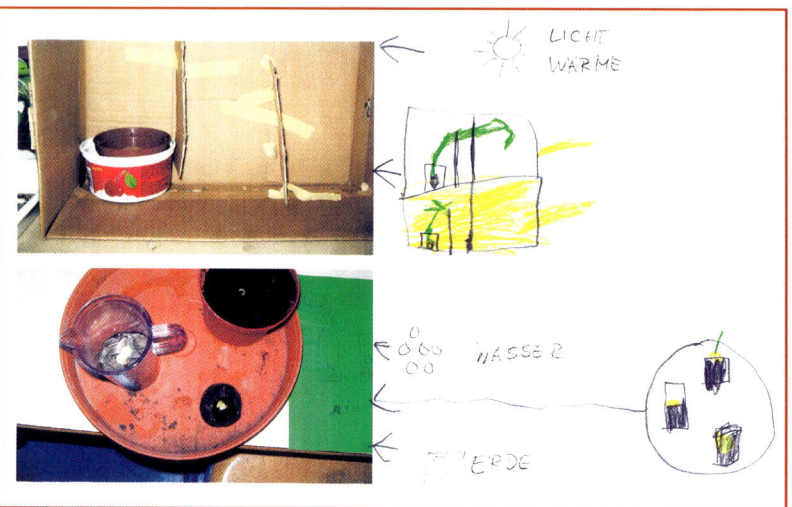

Level 2 enthielt die Aufgabe, einen Versuch darzustellen. Paul machte folgenden Vorschlag: „Wir können doch einen Pflanzenversuch aufmalen und erklären!" Einige Schüler hatten bereits Skizzen angefertigt. In der Kleingruppe erklärten sie, was sie dabei gelernt hatten, während die anderen ihre Versuche aufzeichneten.

Nachdem sie die Zielbeweise in ihre Portfolios geheftet hatten, malten die Schüler in ihren Logbüchern den entsprechenden Smiley aus, und die Lehrerin setzte ihr Kürzel daneben. Auf der Sachkunde-Checkliste vermerkte sie das Datum, und die Schüler waren stolz darauf, ihr zweites Ziel in diesem Halbjahr erreicht zu haben.

Mit den Schülern müssen Kriterien verabredet werden, wie man einen **Zielbeweis dokumentiert**. Dazu gehören:

▶ **Name und Datum aufschreiben.**
▶ **Die Zeichnung muss in der Mitte des Blattes sein.**
▶ **Die Zeichnung muss für einen anderen Mitschüler deutlich erkennbar sein.**
▶ **Anhand der Skizze muss der Ablauf des Versuchs erklären werden.**

In der anderen 1. Klasse wurde das Ziel folgendermaßen dokumentiert: In einem kleinen Test wiesen die Kinder nach, dass sie die auf Fotos dargestellten Versuche erkennen und beschreiben können. Danach sollten sie den Versuchen Symbole für Lebensbedingungen zuordnen.

Zusätzlich konnten die Versuche bildlich dargestellt werden. Beim Arbeiten wurde deutlich, dass die Kinder mit ihren Vorschlägen und Äußerungen den Verlauf der Stunde prägen. Es ist wichtig, diese Momente aufzunehmen, um das Interesse wach zu halten. Ziel und Kriterien geben immer nur die Richtung vor. Das Spannende am Lernen sind die vielfältigen und kreativen eigenen Wege der Kinder.

Literaturtipps:

▶ Bender, I./Gleiß, A.:
  Die Exprimente-Kartei für die Grundschule.
  Verlag an der Ruhr, 2005.
  ISBN 3-86072-936-5

▶ Press, H. J.:
  Spiel, das Wissen schafft.
  Mit über 400 Anregungen zum Experimentieren und Beobachten der Natur.
  Ravensburg Verlag, 2004.
  ISBN 3-473-35851-7

▶ Lück, G.:
  Leichte Experimente für Eltern und Kinder.
  Mit Illustrationen von Christian Demski.
  Herder Verlag, 2000.
  ISBN 3-451-04811-6

Auf den kreativen Weg kommt es an

Was ist **Kunst**? Was ist **Kunstunterricht**? Etwas können, produzieren, interpretieren? Sich durch Gedanken- und Bilderwelten arbeiten? Das Material-Chaos ordnen? Individuelle Anlagen der Kinder und Erwachsenen erkennen und die Entfaltung der Persönlichkeit fördern? All das gehört zur Kunst und zum Kunstunterricht, aber auch das Spiel und die Ordnung der Dinge.

Die Frage, was Kunst sei, können die Kinder leicht beantworten. Sie kennen Kunstbücher, Kunstkalender und Kunstobjekte von zu Hause oder aus dem Kindergarten, bevor sie in die Schule kommen. Einige Kinder besuchen mit ihren Familien Ausstellungen und Museen. Manche KLAX-Kinder haben sogar schon eigene Bilder in einer Galerie ausgestellt, oder ihre Kunstwerke wurden in Zeitschriften veröffentlicht. Kataloge von Ausstellungen, Kunstbilderbücher, Zeitschriften und Bücher mit Bildern alter Meister oder zeitgenössischer Kunst finden sich im Atelier und in der Schul-Bibliothek, aber auch beim Surfen im Internet. In Bildern kann man lesen wie in Büchern, und die Kinder lieben die Bilder-, Zeichen- und Symbolsprache der Künstler.

Trotz Rahmen- bzw. Lehrplan, Wochenplan, Logbuch und Portfolio sollten wir eine natürliche, emotionale Lernsituation im Kunstunterricht schaffen, die die Themen und Interessen der Kinder aufgreift. Es ist wichtig, dass sie ihrer Kreativität freien Lauf lassen können. Aber Kreativität kann sich nur da entfalten, wo das pädagogische Angebot stimmt. Vorgespräche am Stundenanfang schaffen einen guten Einstieg und beziehen die Kinder in die Unterrichtsplanung ein. Die Unterrichtsschritte müssen bekannt gemacht und die einzelnen Lernstationen besprochen werden. Den Kindern hilft eine grobe Zeiteinteilung der Stunden.

Kinder sind Entdecker und Erfinder

Wichtig sind die Schülerbesprechungen und der Gedankenaustausch **zu Beginn der Stunde**, denn Kinder haben das Bedürfnis, sich mitzuteilen. Lernzielformulierungen helfen ihnen dabei, sich zu strukturieren. Sie möchten an den Lernzielen teilhaben. Verdeutlichungen des Themas führen zum Lernerfolg – auch wenn die Kinder am liebsten, angeregt durch Materialien und Werkzeuge, gleich loslegen würden. Kinder wollen aktiv sein, Zusammenhänge erfahren, Material erforschen und Werkzeuge nicht nur anschauen, sondern mit ihnen spielen, ihre Möglichkeiten spielerisch entdecken.

Man kann nur machen, was man weiß und was man sich vorstellen kann. Die Schüler sollen wissen, was sie gelernt haben. Deshalb gehören **Zwischen-** und **Nachbesprechungen**, **Sammelordner**, **persönliche Atelierbücher** und **Ablagefächer** auch in den Kunstunterricht.

Kinder sind Entdecker und Erfinder. Aus diesem Grunde werden neue Techniken und Ideen im **Atelierbuch**, das in der KLAX-Grundschule als Ideenspeicher für den Kunstunterricht angelegt wurde, gesammelt, damit sie nicht vergessen werden, wenn die Kinder nach einem vorgegebenen Thema arbeiten.

Das **Experimentieren** und **Wiederholen**, **Spielen** und **Erzählen** sind wichtige Bestandteile des Kunstunterrichts. In **Sammelmappen** werden kleine Arbeiten abgeheftet, damit sie später für die Portfolios in Ruhe ausgewählt werden können. Sammelmappen mit Trennblättern werden zu Nachschlagewerken für alle. Jeder kann Vergleiche anstellen, Arbeiten ergänzen oder besser gelungene Arbeiten einheften. Die Sammelmappen erleichtern die Auswahl und können den Kindern nach und nach zum Sortieren und Ordnen übergeben werden. Will ein Kind eine angefangene Arbeit beenden, kann es sich selbstständig seine Unterlage, sein Bild oder die Radierplatte holen und weiterarbeiten. Neben **großformatigen Mappen** sollte es kleine **DIN-A4-Hefter** mit Gummiband geben, damit auch kleine wertvolle Arbeiten nicht verloren gehen. Außerdem werden Mappen mit grundierten Blättern zum Weiterverarbeiten, Mappen mit Papierresten und Schnipseln, nach Farben geordnet, Mappen mit selbstgesammelten Kunstdrucken oder Zeitungsausschnitten gebraucht. Aus Zeichnungen, Collagen und Drucken kann ein **Projektbuch** zusammengestellt werden.

Das Projekt „Auf den Wegen berühmter Künstler"

Besonders im **Kunstunterricht** fällt es Kindern schwer, bei einem vorgegebenen Thema zu bleiben, denn sie assoziieren ständig und wollen ihre Ideen umsetzen. Damit aus der Ideenvielfalt kein unübersichtliches Durcheinander wird, sind Materialvorgaben und eine vorbereitete Umgebung im Atelier hilfreich. Wir haben festgestellt, dass die gezielte Auswahl von Büchern, in denen die Schüler blättern können, zur Teamarbeit anregt, weil sich die Kinder über die darin enthaltenen Ideen austauschen und sie mit ihren eigenen Vorstellungen in Verbindung bringen.
„Ich kann mit anderen Kindern zusammenarbeiten" ist eines unserer Checklistenziele im Fach Kunst. Auf dem Projekttisch liegen deshalb verschiedene Kataloge von Kunstausstellungen und ein Buch über Künstler. Es heißt „Fantasy Worlds".

Literaturtipp:

▶ von Schaeven, D./Maizels, J.:
Fantasy Worlds.
Taschen Verlag, 1999.
ISBN 3-8228-7190-7

Künstlerisch tätig zu sein, lernen Kinder auch bei der Auseinandersetzung mit Künstlern. Zur Einstimmung erzählten wir ihnen von einer Künstlerin, die sich eine Oase des Lichts geschaffen hatte. Sie setzte große Fenster in die Wände ihres Hauses, legte die Oberflächen mit farbigem Mattglas aus und platzierte Spiegel in den verschiedensten Formen, die das Licht von Sonne, Mond und Sternen reflektierten. Hunderte von Kerzen und Öllampen schenkten dem Haus in der Dämmerung ein überwältigend warmes Licht.

In kleinen Gruppen betrachteten und besprachen die Schüler Bilder verschiedener Künstler. Das bewusste Sehen ließ Fragen entstehen, und die Kinder verlangten nach mehr Informationen. In dieser Zeit arbeiteten wir an dem Checklistenziel: **„Ich kenne zwei verschiedene Künstler."**

Zu den **Kriterien** zählte unter anderem die Auseinandersetzung mit den Kunstwerken eines Künstlers. Die Schüler sollten sich nicht nur von den Werken anregen lassen, sondern eines beschreiben können. Wie so oft gelang der Einstieg am besten beim praktischen Tun: Lukas und Jakob verglichen Picasso mit Pokémon. Sie wollten ein Kartenspiel herstellen.

Alma, Danjal und Neitha gefielen die rosaroten Bilder von Paul Klee. Weil sie auch auf rosa Untergrund malen wollten, stellten sie zunächst Malgründe her. Einige Kinder machten sich daran, **Künstlerhäuser** zu bauen: Wie wohnte Picasso? Welche Form und Gestalt hatte sein Haus? Standen Mülltonnen in seinem Garten? Welche Farbe hatte seine Zahnbürste? Wohnte Paul Klee vielleicht in einem Würfelhaus? Oder wohnen alle Künstler in Glashäusern, damit sie genug Licht haben und die Natur in der Umgebung besser wahrnehmen können?

Die Themen, mit denen wir uns beschäftigten, sind schnell genannt: durchsichtige Häuser, ordnen und gruppieren, gemischte Farben erkennen, Farben fantasievoll anwenden und bezeichnen. Aus Schülerwerken im Stile Paul Klees und einigen Tetrapack-Schachteln wurden Hausfassaden von erfundenen oder nachgebildeten Künstlerhäusern.

Mit Hilfe von Techniken, die den Kindern bereits bekannt waren, sollten in der folgenden Stunde Ordnungsbilder entstehen. Aus der Frottage wurden bunte Musterdecken und „Picassos Bademantel" mit seiner Lieblingsziege darauf. Die Kinder wussten, dass Picasso eine Ziege mit Namen Asmaralda hielt, die den Regen hasste und bei Picasso in einem richtigen Bett schlafen durfte. Das Bett stand in seinem Atelier, und die Ziege sah Picasso bei der Arbeit zu. Man könne auch lauter Ziegen drucken, meinte Beata. „Vielleicht mag Picasso auch einen Fuchsmantel?" Picassos verrückte Gesichter, Picasso im Tierpark, am Brandenburger Tor und im Botanischen Garten – die Schüler hatten viele Ideen.

„Picasso und der blaue Müll" war das nächste Thema im Atelier. Die Schüler wollten sein Haus nachbauen, seine Zahnbürste und seine Mülltonne. Lucas, Jacob und Johannes wollten verrückte Picasso-Gesichter bauen.

So stellten sich zwei Kinder Künstlerhäuser vor

Trockene Fakten zum Leben und Werdegang des Künstlers mussten sich die Schüler nicht einprägen. Indem sie sich mit dem Künstler und seinen Werken auf kreative Art und Weise auseinandersetzten, eigneten sie sich Wissen an und prägten sich Fakten ein, die über jede sachlich-trockene Vita hinausgehen.

Mirna, Mia, Matilda und Paul bauten **Picasso-Tiere** mit verrückten Körperteilen und bunter Bemalung. Matilda erfand ein Picasso-Pippi-Langstrumpf-Pferd mit Ohren, die am Hals des Tiers befestigt wurden. Sie malte es weiß an und verpasste ihm schwarze Punkte, weil es ein Apfelschimmel ist:

Matildas Picasso-Pferd

In einem Ausstellungskatalog (vgl. Literaturtipp im Kasten) betrachtete Pepe fasziniert die kleine **Picasso-Amsel**. „Wieso ist die Amsel so wertvoll?" fragte er, und wir sprachen darüber, was Kunstwerke wertvoll macht. „Meine Amsel ist doch auch ganz schön", stellte er fest und wollte sie in unserer Kinder-kunst-Galerie ausstellen. Pawel wollte

Literaturtipp:

▶ Struck, G.:
Museumsführer für Kinder – Die Sammlung Berggruen.
Hrsg. v. Waldtraut Braun.
Nicolai'sche Verlagsbuch-handlung, 2001.
ISBN 3-87584-837-3

einen Vogel mit Drahtfüßen bauen und sah sich Picassos Amsel im Ausstellungs-katalog Berggruen noch einmal an. Einige Kinder waren unschlüssig. Deshalb schauten sie noch einmal in die ausgelegten Bücher und betrachteten die Arbeiten aus der vori-gen Stunde, die an der Pinnwand hingen.

Lea hatte zu Haus blaues Abfallmaterial ge-sammelt und legte die verschiedenen Teile zu einer Form zusammen. Danach entschied sie sich, ein Mobile und ein Armband daraus zu machen. Wir gaben ihr Draht, eine Kerze und ein Feuerzeug und erklärten ihr, wie sie vorgehen kann, um die einzelnen Teile mit-einander zu verbinden: Der Draht wird über der Kerze heiß gemacht, damit er die Plastikteile durchstechen kann.

Alle Kinder versammeln sich um Lea, denn die Technik mit dem heißen Draht übte eine magische Anziehungskraft auf sie aus. Wahrscheinlich werden sie zur nächsten Stunde auch blaue Fundstücke von zu Hause mitbringen. Lea bekam für ihre Idee einen Smiley in ihr Logbuch.

Pepes Vogel mit Drahtfüßen

Das Abenteuer Farbe

Welche Farben hat das Paradies? Wer malt, der will das wissen. Deshalb beschäftigten wir uns mit dem Künstler **Marc Chagall** und seinen Bildern zur Bibel. Wir erprobten Farbspiele mit bunten und unbunten Farben und ließen uns von Chagalls „Sonnenrad der Schöpfung" anregen, von fliegenden blauen Ziegen, von lilafarbenen Stieren und grünen Löwen.

Als die Schüler am nächsten Tag das Atelier betraten, wunderten sie sich, denn es waren nirgends **Pinsel** zu finden. „Wir machen uns selbst welche", erklärten wir. Doch zunächst stellte sich die Frage, woraus Pinsel eigentlich gemacht werden? Gemeinsam spielten wir in Gedanken verschiedene Möglichkeiten durch: Welche Pinselformen gibt es? Welches Material braucht man für die Herstellung? Muss man mit Pinseln malen? Oder gibt es auch andere Möglichkeiten, um Farbe aufzutragen? Während wir darüber sprachen, richteten wir einen Materialtisch ein. Als die Schüler bemerkten, dass sich nicht alle Materialien im Atelier finden ließen, beschlossen wir, in den Garten zu gehen, um dort nach bestimmten Materialien zu suchen. Klebestreifen, dünne Bambusstäbe und eine kleine Stoffkiste nahmen wir gleich mit, so dass die ersten Arbeitsschritte schon im Garten erfolgen konnten. Es gefiel ihnen, draußen zu arbeiten. Sie sortierten Steine, legten Zahlen und Muster. Aus Gehölz, Blättern und Klebeband entstanden **Boote** (vgl. Abb. rechts).
Die Pinsel waren schnell angefertigt und wurden auf den Pflastersteinen sogleich ausprobiert. Wasser fand sich in einer Pfütze, und farbige Erde gab es überall.

In der nächsten Stunde sollten die Pinsel eingesetzt werden, doch zuerst betrachteten wir das Chagall-Bilderbuch. Die Schüler erfuhren etwas über den Maler, seine Gedanken und sein Leben. Die fliegenden Ziegen und die lila Stiere waren eine Herausforderung für sie. Lea, Matilda, Lara und Naomi erkundeten die Grundfarben. Zuerst suchten sie Wachsstifte in den Grundfarben und mischten die Farben beim Malen. Die kreisenden Bewegungen begeisterten sie. Immer neue Farbspiele entstanden: Fabeltiere mit Klappaugen, Muster und kleine Plakate.
Die Kinder hatten das Mischen mit Wachsmalstiften entdeckt und Freude am Ausprobieren gefunden. In der Stunde waren viele Bilder für die Sammelmappen und Karten zum Mitnehmen entstanden. In einer Zwischenbesprechung der Arbeiten fragten wir uns, was passiert, wenn man helle Farben auf dunkle Farben malt. Wie verändern sich die Grundfarben, wenn Weiß hinzugemischt wird? Wir überlegten, wie sich Gesichter verändern, wenn man sie mit verschiedenen Farben schminkt.

Literaturtipps:

▶ Brandenburg, B.:
Paul Klee für Kinder.
Eine Werkstatt.
Verlag an der Ruhr, 2002.
ISBN 3-86072-672-2

▶ Chagall, M.:
Welche Farben hat das Paradies?
Bilder zur Bibel.
Prestel Verlag, 2000.
ISBN 3-7913-2418-7

▶ Kipper, A./Otremba, C.:
Pablo Picasso für Kinder.
Verlag an der Ruhr, 2002.
ISBN 3-86072-726-5

Bildvorstellungen

In den Bildvorstellungen ging es uns darum, dass die Kinder lernen, sich über ihre Arbeiten zu äußern, und den Prozess der Entstehung ihrer Kunstwerke noch einmal Revue passieren zu lassen.

„Ich kann meine Arbeit den anderen Kindern vorstellen" lautete eines der Fachziele auf der Checkliste. Uns war es wichtig, dass auch eher zurückhaltende Schüler lernen, sich zu beteiligen und sich einzubringen. Das gelang bei den eigenen Arbeiten am besten. Zudem wollten wir lernen, konstruktive Kritik anzunehmen und uns gegenseitig beratend zu helfen, wenn wir bei der Umsetzung einer Idee nicht weiterkommen.

Übrigens versuchen wir, auch bei kleinen Projekten immer zwei Bildbesprechungen durchzuführen, eine vor und eine nach der Fertigstellung der Kunstwerke. Dabei lernen die Schüler, sich ihrer Vorgehensweisen bewusst zu werden und ihre Materialauswahl zu begründen. Auch dies ist ein Checklistenziel: **„Ich kann Begründungen für meine Materialwahl finden."**

Die Bilder konnten von den Schülern nachbearbeitet werden, denn es war mühsam, mit Wachsmalkreiden zu malen. Bildbesprechungen, in denen sie einander ihre Vorgehensweisen erklärten und über ihre Intentionen sprachen, spornten die Kinder an. Sie erhielten Lob für gelungene Arbeiten und staunten über die verschiedenen Variationen und Farbschattierungen. Einzelne Linien lösten sogar Begeisterung aus. Ein weiteres Ziel war das Malen mit Farbbeschränkung. Wir suchten Schweinefarben oder Katzenfarben, Gesichter in schwarz-weiß oder lila Ziegen und feuerrote Katzen. Die Übungsblätter nutzten wir später für Collagen.

Farben mischen beim Malen mit Wachsmalstiften:
Ein vogelartiges Fabelwesen mit Klappaugen von Alma

Das Märchen-Projekt

Um die Kinder in ein Märchen-Projekt einzubinden, wollten wir mit ihnen **Skulpturen** aus Draht, Ton und Papier anfertigen. Dabei ging es um das Wahrnehmen und Aufnehmen von Anregungen aus der Ideenwelt der Märchen. Außerdem wollten wir die Kinder für unscheinbare oder vermeintlich unbrauchbare Dinge und Materialien sensibilisieren, die unabhängig von ihrem

Gebrauchswert schön sein können, wenn sie in künstlerischer Weise verwendet werden. Es war November. Die Nächte waren lang, die Tage kurz, und jeder Abend hatte einen Namen. Einer hieß „Schneewittchen", ein anderer „Rotkäppchen". In der ganzen Schule war Märchenzeit, die zum Lesen, Erzählen und Malen anregte. Wir sammelten Märchenbücher, Märchenbilder, märchenhafte Stoffe für die Stoffkiste und gestalteten eine lauschige Märchenecke im Atelier. Zu unseren Vorbesprechungen der Ziele und Aufgaben gehörten wie selbstverständlich eine Kerze und eine Duftlampe. „Welche Märchen kennt ihr?" fragten wir die Schüler. „Was sind eure Lieblingsmärchen?" „Schneewittchen" war dabei, „Das letzte Einhorn", „Frau Holle" und „Die Bremer Stadtmusikanten".

Wir überlegten mit den Kindern, welche Merkmale Märchen haben, und sammelten Ideen, wie wir uns auf künstlerische Art und Weise mit Märchen auseinandersetzen können. In drei Arbeitsgruppen planten die Schüler ihr Projekt. Sie einigten sich auf die Umsetzung eines Themas und wählten die passenden Materialien. Dabei begleiteten wir die Gruppen und berieten sie. An einem Tisch wurde mit Ton gearbeitet, auf dem Fußboden wurde gebaut und auf einem großen Tisch wurden Fundstücke für eine **Märchenkiste** gesammelt und geordnet. Außerdem richteten wir eine Ecke für das Federzeichnen ein, stellten Bleistifte und Wachsmalstifte bereit. Das erste Teilziel lautete für alle Schüler gleich: **„Ich kann eine Skizze anfertigen und meinen Arbeitsplatz vorbereiten."**

Zunächst war es unumgänglich, die eigenen Ideen zu sondieren und Vorarbeiten in Form von einfachen Skizzen anzufertigen. Erste Zeichnungen entstanden, mit Hilfe derer sich die Schüler darüber klar wurden, welche Idee sie umsetzen wollen und welche Materialien dafür benötigen werden.
Anschließend ordneten sich die Schüler den drei Arbeitsecken zu und stellten die benötigten Materialien auf der Grundlage ihrer Skizzen und Vorüberlegungen zusammen. Verschiedene Bonbonpapiere, Goldbänder, Folien, kleine Schwämme, abgebrannte Streichhölzer, Stoffreste, Märchenwolle, Perlen, Steine, alte Münzen, Fellstückchen und Leder wurden gebraucht. Kartons wurden verteilt, und wir überlegten, wie daraus Guckkästen entstehen können.

Leonie, Lisa, Mirna und Beata markierten an Seitenteilen der Kisten Fenster und Luken, durch die man ins Innere sehen kann. Mit einem scharfen Messer wurden die Fenster ausgeschnitten. Nun konnte das Einräumen beginnen: Aus abgebrannten Streichhölzern entstand ein Lagerfeuer für Rumpelstilzchen. Den Zwerg fertigten wir aus einem Korken an, dem wir eine aus Filz geschnittene Zipfelmütze aufsetzten.

Die Jungen, die in der Tonecke arbeiteten, trugen auch etwas zu der Märchenkiste bei. Sie wollten kleine, giftige **Fliegenpilze** aus Ton anfertigen. Damit sie schön leuchten, wurden sie mit roter Farbe angemalt und bekamen nach dem Trocknen weiße Punkte. Damit die Tiere etwas zu fressen haben, musste es auch Butterpilze im Wald geben.

Märchenfiguren, die zu groß für die Kiste waren, stellten wir auf den Projekttisch. Dort standen nach einer Weile: blaue Einhörner, lila Elefanten, Beatas lila-gelb getupfter Vogel mit haarigen Spinnenbeinen und die Meerjungfrau Arielle aus Pappe mit feuerroten Wollhaaren. Einige Schüler entwarfen großartige **Märchenflaschen**, die aus Plastikflaschen hergestellt wurden:

Durch die Märchenkisten inspiriert, wollten die Schüler nun am liebsten ein großes Bühnenbild entwerfen. Doch bevor wir uns an solch ein Großprojekt wagten, bedurfte es noch einiger Übung in kleinen Formaten. Um den Ablauf im Atelier so zu steuern, dass sich keiner gestört fühlt, beschlossen wir, immer in kleinen Gruppen zu arbeiten und die Gruppe auch mal zu wechseln, wenn die Umsetzung einer Idee andere Materialien erfordert. Dazu mussten die Schüler sich vor Beginn der Arbeiten Gedanken machen, was und wie sie es verwirklichen wollen. Deshalb besprachen wir ihre Vorhaben mit ihnen kurz, bevor sie sich den Arbeitsgruppen zuordneten. Fertig war, wer sein Objekt vorgestellt, es mit uns besprochen und es, wenn nötig, verbessert hatte. Danach konnten diese Schüler den anderen Kindern bei der Umsetzung ihrer Ideen helfen und so gewissermaßen zu „Projektleitern" werden. Diese Aufgabe erforderte es nicht nur, kluge Ratschläge zu geben, sondern auch mal Stifte anzuspitzen oder Papier für die nächsten Arbeitsschritte zu grundieren.

Beim Einrichten der **Märchenkisten** klebten die Schüler ihre gemalten Papierfiguren an die Kartonwände und legten die passenden selbst angefertigten Requisiten dazu. Sie hatten Rapunzel gezeichnet und ihr Haare aus Märchenwolle angeklebt. Aus grünem Zeichenkarton schnitten sie Tannenbäume, die wir so bearbeiteten, dass sie sich leicht aufstellen ließen.

Gemeinschaftsarbeit: Eine selbstgestaltete Märchenkiste

Die Märchenkisten waren eine Gemeinschaftsarbeit, bei der sich die Schüler untereinander oft absprechen mussten. Sie lernten, sich darüber einig zu werden, wer welches Requisit anfertigt. Als alles fertig war, wollten die Kinder am liebsten gleich mit ihren Kunstwerken spielen, doch die gemeinsame Auswertung der Arbeit und das Planen der nächsten Schritte ließen sich nicht aufschieben. Gemeinsam überlegten wir, was bei der Zusammenarbeit gut funktioniert hatte und was wir beim nächsten Mal besser machen könnten. Für die **Portfolios** fertigen wir Fotos an und hefteten sie mit einer kurzen Projektbeschreibung ab. Die Schüler fotografieren ihre Einzelbeiträge (die Märchenfiguren aus Ton, die Fabeltiere, die blauen Einhörner und lila Elefanten) und die Märchenkisten. In der kommenden Woche wollten wir das Filzen vertiefen und neue Techniken im Umgang mit dem Material kennen lernen.

TIPP:

Wenn es um Märchen geht, eignet sich als Material besonders die Märchenwolle. Aus ihr können Bilder gelegt werden, oder die Schüler lernen, damit zu filzen. Das Filzen mögen fast alle Kinder, obgleich es ziemlich viel Zeit in Anspruch nimmt, weil es lange dauert.

Zahlen darstellen und zerlegen

Bei der Erarbeitung des Zahlenraums bis 10 und später bis 20 sollten die Zahlen immer in konkrete Spiel-Handlungen eingebettet werden. Dadurch wird ihr Abbild mit einer selbsterfahrenen Handlung verbunden und erreicht die bildliche Ebene: Die Kinder vollziehen den so wesentlichen Abstraktionsschritt von ihrer konkreten Handlung über das Bild der Zahl zum Symbol. Im Unterricht ist es deshalb wichtig, den Kindern dieses Wechselspiel zwischen Handlung, Bild und Symbol immer wieder zu ermöglichen.

Zu Beginn sollten die Schüler zu selbstgewählten Zahlen – ihren **Lieblingszahlen** – verschiedene Darstellungsarten finden und eine Zahlen-Sonne gestalten. Ein Geburtsdatum, eine Telefonnummer, das Alter, eine Hausnummer – jedes Kind hat Zahlen, die in seinem Leben eine Rolle spielen. Die Motivation, sich mit diesen Zahlen zu beschäftigen, ist hoch.

Die Kinder arbeiteten mit verschiedenen Materialien: Steckwürfel, Würfel, Plättchen, Stiften oder Kastanien, Zahlenkarten von 1 bis 20, A4-Blätter, ein Plakat mit Sonne.

Während die einen die Möglichkeit haben, ihre Lieblingszahlen mit Materialien wie Plättchen, Steckwürfel, Kastanien, Steine oder Streichhölzer als Zahlen-Sonnen zu gestalten, können andere Kinder dies bereits auf der bildlichen Ebene tun.

Eine weitere Darstellungsart von Zahlen sind Zahlenhäuser. Sie ermöglichen das Zerlegen der gewählten Lieblingszahlen. Dabei können die Schüler Zahlen auf verschiedene Art und Weise darstellen. Man erkennt verschiedene qualitative Niveaus: von der Protokollation von Handlungen (1) bis zur symbolischen Darstellung (3 – 5), wobei ein Zahlenhaus sowohl einfache als auch schwierige Rechnungen – sogar Minusrechnen – enthalten kann. Voraussetzung ist, dass die Schüler bereits damit vertraut sind, Zahlen auf verschiedene Art und Weise darzustellen.

Unser Checklistenziel hierzu lautete:
„Ich kann verschiedene Zahldarstellungen lesen und Zahlen auf verschiedene Weise darstellen."

Level 1: *„Ich kann Zahlen mit Hilfe von Materialien verschieden darstellen."*

Level 2: *„Ich kann Zahlen verschieden darstellen und Zahlen-Sonnen dazu gestalten."*

Level 3: *„Ich kann Zahlen verschieden darstellen und in Zahlenhäusern Rechnungen dazu schreiben."*

Kriterien:

➤ *Die Menge-Zahl-Zuordnung ist ersichtlich.*

➤ *Plättchen oder andere Hilfsmittel sind als „Stellvertreter" verwendet worden.*

➤ *Mengen sind strukturiert gelegt worden.*

➤ *Bei der Ziffernschreibweise ist der Bewegungsablauf korrekt.*

Wie kann man vorgehen?

Zahlen-Sonne: Wir zeichnen eine große Sonne mit Strahlen auf ein Plakat und legen es in die Mitte des Sitzkreises. Nun fragen wir einen Schüler nach seiner Lieblingszahl und danach, warum er diese Zahl besonders gern mag. Markus' Lieblingszahl ist die 4, weil sein Bruder gerade Geburtstag hatte und vier Jahre alt wurde. Wir schreiben also die 4 in die Mitte unserer Zahlen-Sonne.

Nun fordern wir die Schüler auf, entweder aus Materialien wie Steckwürfel und Plättchen oder auf einem Blatt Papier die Zahl 4 mit ihrem Partner gemeinsam darzustellen. Die fertigen Lösungen werden dann zwischen die Strahlen der Sonne in unserem Kreis gelegt und gemeinsam betrachtet. Wir sprechen über die verschiedenen Möglichkeiten der Darstellung und achten dabei besonders auf eine strukturierte Darstellungsart der Anzahl: Wie erkenne ich, ohne zu zählen, um welche Zahl es sich handelt? Wir üben anhand der Sonne und der verschiedenen Darstellungsweisen der 4 das Zählen, ohne zu zählen.

Nach dieser einleitenden Phase gehen wir mit den Schülern die Zielorientierung der Stunde an. Wir besprechen mit ihnen das Ziel und diskutieren die einzelnen Niveau-Unterschiede, die in den Levels kenntlich gemacht sind. Es ist nicht immer sinnvoll, den Schülern die Wahl des Levels zu überlassen, denn manche drücken sich gern vor Herausforderungen und wählen Level 1, obwohl sie auf der Basis ihres Könnens bereits in der Lage wären, sich mit dem schwierigeren Level 2 auseinanderzusetzen. Nachdem wir mit den Schülern die Wahl der Level vereinbart haben und ihnen

deutlich ist, welche Kriterien zur Erreichung des Ziels notwendig sind, beginnt die Arbeit am entsprechenden Level.

Die Zahlen-Sonne zur 12

Im Logbuch dokumentieren wir sowohl das Ziel als auch den Level. Hierfür erhalten die Schüler einen vorgefertigten Zettel, auf dem das Ziel und die Levels stehen. Sie kleben ihn in ihre Logbücher. Kinder, die sich für **Level 1** entscheiden, erhalten die Aufgabe, mit Materialien eine **Zahlen-Sonne** zu gestalten, also die gewählten Darstellungen mit Hilfe der Materialien zwischen die Strahlen der Sonne zu legen. **Level 2** stellt die Aufgabe, zwei Zahlen, die ein Schüler besonders mag, mit Hilfe der **Zahlen-Sonne** auf einem Blatt Papier bildlich darzustellen. Die Schüler können selbst bestimmen, wie oft sie die Zahl darstellen, indem sie die Strahlen-Anzahl der Sonne bestimmen.

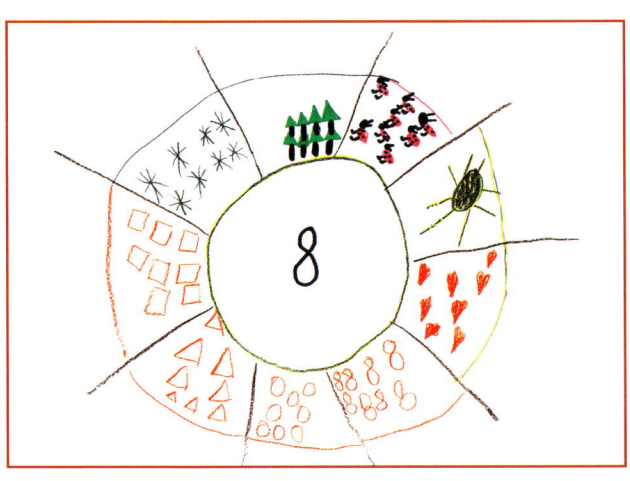

Eine Zahlen-Sonne zur 8 von Lea

Die höchste qualitative Anforderung enthält **Level 3:** Hier sollen neben den Zahlen-Sonnen auch **Zahlenhäuser** zu den gewählten Lieblingszahlen gestaltet werden, wobei verschiedene Arten der Darstellung möglich sind. Leistungsstarke Schüler erhalten als zusätzliche Aufgabe: Wer bringt es bei einer gewählten Zahl auf 10, 15 oder sogar 20 Stockwerke in seinem Zahlenhaus?
Nun beginnt die selbstständige Arbeit am Ziel, bei der es den Schülern überlassen ist, ob sie in kleinen Gruppen oder selbstständig arbeiten. Es ist wichtig, einen Zeitrahmen vorzugeben, in dem das Ziel erreicht werden soll. Wir begleiten die selbstständige Arbeit und stehen den Kindern als Ansprechpartner zur Verfügung.

Zahlenhäuser
von Therese

Die Auswertungsphase

Ist der Schüler der Meinung, dass er sein Ziel erfüllt hat, bespricht er seine Arbeit mit uns, und wir entscheiden, ob die Arbeit die Zielerreichung tatsächlich belegt und für das Portfolio ausgewählt werden kann. Erstklässlern fällt es nicht leicht, zu begründen, warum sie ihr Ziel erreicht haben. Oft erklären sie nur, was sie gemacht haben. Im Gespräch erinnern wir deshalb an die **vereinbarten Kriterien** und fragen, ob die Schüler sie in ihren Arbeiten wiederfinden. Natürlich ist es unser Ziel, dass der Arbeits-prozess von den Schüler **zunehmend selbstständig** durchgeführt und gesteuert wird, denn sie sollen lernen, ihre Arbeiten und ihre Vorgehensweisen auszuwerten. Mit Hilfe der Kriterien sollen sie selbst einschätzen, ob sie das Ziel erfüllt haben. Das braucht Zeit. Die „Wolkenblätter" (vgl. Abb. S. 49), auf der die Zielerreichung von uns bestätigt wird, haben wir meist vorbereitet und füllen sie während der Auswertungsgespräche stellvertretend für die Kinder aus, die noch nicht schreiben können.

Literaturtipps:

▶ Radatz, H./Schipper, W.: **Handbuch für den Mathematikunterricht an Grundschulen.** 4 Bände. Schroedel Verlag, 1983. ISBN 3-507-34049-6

▶ Wittmann, E. Ch./ Müller, G. N. (Hrsg.): **Das Zahlenbuch 1.** Lehrerband. Klett Verlag, 2005. ISBN 3-12-200419-4

▶ Wittmann, E. Ch./ Müller, G. N. (Hrsg.): **Das Zahlenbuch 1.** Klett Verlag, 2004. ISBN 3-12-200410-0

▶ Wittmann, E. Ch./ Müller, G. N. (Hrsg.): **Das Zahlenbuch 2.** Lehrerband. Klett Verlag, 2005. ISBN 3-12-200429-1

▶ Wittmann, E. Ch./ Müller, G. N. (Hrsg.): **Das Zahlenbuch 2.** Klett Verlag, 2004. ISBN 3-12-200420-8

Frühenglisch mit „Colours"

Im Frühenglisch-Unterricht geht es vor allem darum, bei den Kindern eine positive Einstellung zum Fremdsprachenlernen zu erzeugen. Jedes Kind hat hier immer wieder die Chance, sich neuen Herausforderungen zu stellen und sie zu meistern, um eine positive Grundeinstellung zum Fach und zum Lernen zu entwickeln. „Lernen mit Zielen" hilft den Kindern, Freude an einer zunächst fremden Sprache zu finden und zu bewahren, weil sie Erfolgserlebnisse verbuchen können, die zu neuen Herausforderungen motivieren.

Im Unterschied zu anderen Fächern bauen die Unterrichtsinhalte im Fach Frühenglisch weniger aufeinander auf, sondern werden vielmehr in einer Art Spiral-Curriculum immer wieder auf einem anderen Niveau wiederholt. In den Rahmen- bzw. Lehrplänen wird darauf hingewiesen, dass das Hörverstehen im Mittelpunkt steht, dass die Schüler lernen, sich auf den Klang der fremden Sprache einzulassen, und so die Fähigkeit trainieren, Wörter aus dem Zusammenhang zu erschließen.

In der Vorklasse, die die Kinder ein halbes Jahr vor der Einschulung besuchten, lautete ein Checklistenziel: **„Ich kann die Grundfarben benennen."** Auch wenn die Kinder dieses Ziel damals erfüllten, kann man nicht davon ausgehen, dass alle die Vokabeln in ihrem aktiven Wortschatz gespeichert haben, also zum Beispiel die Farben noch benennen können. Man kann aber davon ausgehen, dass die Farb-Wörter in ihrem passiven Wortschatz gespeichert sind, denn die Schüler können sie zeigen, wenn wir ihnen die Farben auf Englisch nennen. Wiederholung ermöglicht, dass die Vokabeln allmählich aus dem passiven in den aktiven Wortschatz übergehen.

In kleinen Schritten zum Ziel

Um den Schülern ihre Lernfortschritte sichtbar zu machen, haben wir das Checklistenziel **in kleine Teilziele** unterteilt. Die Schüler erkennen so besser, was sie erreicht haben und was sie noch tun müssen.

Zu Beginn der Unterrichtseinheit besprechen wir mit den Kindern das Checklistenziel und gehen den Weg über die Teilziele gemeinsam durch, damit alle eine ungefähre Vorstellung davon haben, was wir in nächster Zeit tun werden.

Die Teilziellisten werden im Fremdsprachenraum an einer für die Kinder zugänglichen Stelle aufbewahrt, so dass sie, wenn sie ein Ziel erreicht haben, die dafür vorgesehene Stelle ausmalen können.

Am Ende der Einheit kommen die Teilziellisten in die Portfolios der Kinder, denn sie dokumentieren, was die Kinder können. Ob ein Teilziel erreicht ist, wird anhand von Qualitätskriterien festgelegt, die wir gemeinsam mit den Schülern entwickeln. So sind sie für alle nachvollziehbar.

Ziele einführen und dokumentieren

Nachdem wir zur Einstimmung ein englisches Lied gesungen haben – die Kinder legen auf Rituale wie das gemeinsame Singen viel Wert und erinnern uns daran, falls wir es vergessen – wird das Thema „Colours" vorgestellt. Wir betrachten die Checkliste, die an der Wand aushängt, und besprechen das Ziel für die kommenden Stunden: **„Ich kann Grund- und Mischfarben auf Englisch benennen."**

Die Schüler erfahren, bis wann dieses Ziel erreicht werden soll, und wir legen die **Kriterien** fest: „Ist es in Ordnung, wenn ich zu ‚rot' ‚blue' sage und ‚red' ganz undeutlich ausspreche?" Nein, finden die Schüler lachend, und wir einigen uns darauf, dass die Farbe mit dem richtigen englischen Wort benannt und dass das Wort deutlich ausgesprochen werden muss. So deutlich, dass die Mitschüler es verstehen. Dies sind die beiden Kriterien zu unserem Ziel.

Level 1: „Ich kann das Lied ‚Colours' mit anderen Kindern zusammen singen."
Level 2: „Ich kann das Lied ‚Colours' allein singen."
Level 3: „Ich kann eine Strophe zum Lied ‚Colours' erfinden."

Nachdem wir über das Stundenziel gesprochen haben, kleben die Kinder ihren Level in Form von Zetteln, die wir am Computer vorbereiten und austeilen, in ihre Logbücher. Anfangs brauchten die Fünf- und Sechsjährigen beim Einkleben noch Hilfe, um die richtige Seite und Spalte zu finden. Aber bereits nach wenigen Wochen hatten sie keine Probleme mehr damit.

Nach der Einführung in das Thema und dem Festlegen der Ziele treffen wir uns im Sitzkreis.

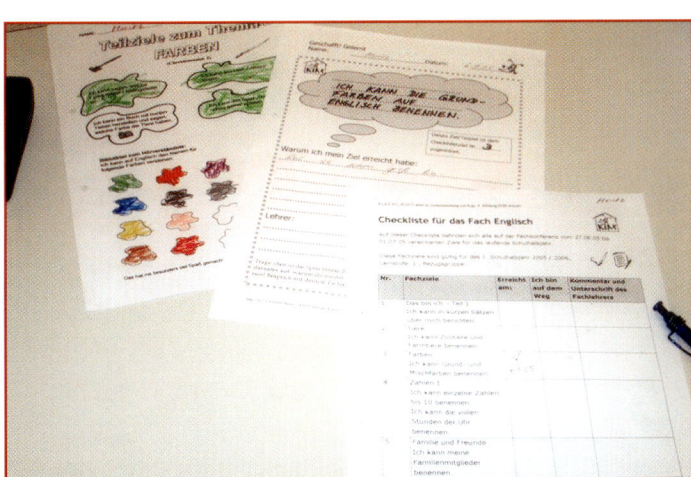

Alle Vorlagen für das Portfolio

In der Mitte stehen Montessori-Farbtäfelchen. Jedes Kind wird auf Englisch aufgefordert, sich seine Lieblingsfarbe auszusuchen. Einige Kinder fragen, wie die von ihnen gewählte Farbe heißt, und wiederholen die Antwort. Andere kennen das Wort für ihre Farbe und dritte versuchen sogar, mit einem ganzen Satz zu antworten: „My favourite colour is blue", sagt Lisa.

Im Anschluss daran bekommen die Schüler ein vorbereitetes Blatt, auf dem die Teilziele und das aktuelle Stundenziel zu finden sind. Unser heutiges Stundenziel lautet zunächst: **„Ich kann das Lied ‚Colours' singen."**
Da die Schüler sich auf unterschiedlichen Leistungsniveaus befinden, bieten wir ihnen Levels an, die zwischen verschiedenen Anforderungen differenzieren:

Anschließend sehen wir uns die Farben an, die durcheinander an die Tafel geheftet sind, und die Kinder werden auf Englisch gebeten, verschiedene Farben zu holen. Auf diese Weise entsteht eine bestimmte Ordnung der Farben, und die Kinder sind verdutzt, als sie erfahren, dass nun ein Lied an der Tafel steht. Zeile für Zeile wird es vorgesungen, und die Kinder wiederholten es:

Colour-Song

Red and yel-low and blue and green, blue and green, blue and green.

Red and yel-low and blue and green and white and pink and brown.

aus: Stuart Simpson: Nessie. Englisch für Kinder.
Cornelsen Verlag 1994. ISBN 3-8109-3580-8

So dichteten wir den Text des Colour-Songs um:

Colours
Orange, purple, pink and grey,
pink and grey,
pink and grey.
Orange, purple, pink and grey,
and black and white and brown.

Schon nach kurzer Zeit können wir das Lied gemeinsam singen, da die Kinder visuelle Unterstützung an der Tafel fanden. Level 1, die Mindestanforderung, ist von allen Schülern erreicht. „Ich will aber auch Level 2 schaffen!" riefen einige Kinder und probierten, das Lied allein zu singen. Dies beweist, dass die Arbeit mit verschiedenen Levels die Kinder motiviert, wenn Level 1 so gestaltet ist, dass alle es erreichen können.

In der nächsten Phase sollen die Kinder das Lied aufmalen.
Dazu erhalten sie ein Arbeitsblatt:

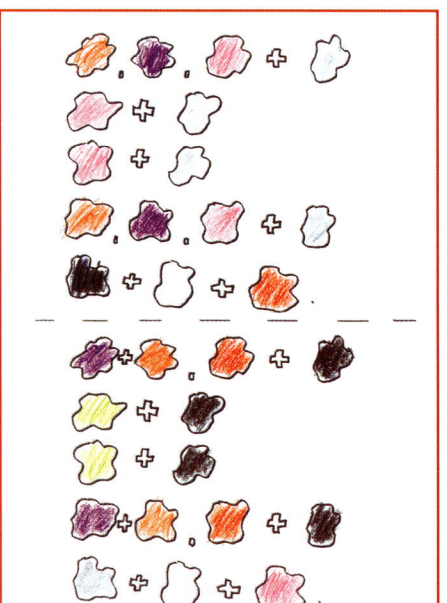

Das Arbeitsblatt zum Colour-Song

Zum einen dient diese Aufgabe dazu, das Lied auf der ikonischen Ebene zu verinnerlichen, zum anderen können die Kinder es mit nach Hause nehmen und es singen – ohne lesen zu können.
Während der gesamten Phase singen wir das Lied mehrmals, und einige Kinder malen, durch das Hören angeregt, die Kleckse in den richtigen Farben aus. Wem das noch zu schwer fällt, der darf hinter der Tafel „spicken" und sich das Lied ansehen. Wer fertig ist, versucht, Level 2 zu erreichen und singt allein. Die ganz „fixen" Kinder denken sich eigene Strophen aus und üben sie für Level 3.

Für die eigenen Strophen finden die Kinder Platz auf dem Arbeitsblatt und können den Text in Form von Farben eintragen. Das heißt: Dieser Level erfordert ein hohes Abstraktionsniveau. Nur wenige Kinder trauen sich an Level 3, aber diejenigen, die es versuchen, bringen beeindruckende Ergebnisse zustande, die sie vortragen.

Zum Abschluss der Stunde treffen wir uns zur **Auswertung des Stundenzieles** wieder im Sitzkreis. Da fast alle Kinder das Ziel der Stunde erreicht haben, zeigen wir ihnen auf den Teilzielblättern, welches Teilziel sie ausmalen können. Sie haben auf verschiedenen Leistungsniveaus gearbeitet, über die wir bei der Auswertung noch einmal sprechen. In ihren Logbüchern kennzeichnen die Schüler jeweils den Level, den sie erreicht haben. Sie wissen, dass ihr Ziel erst als erreicht gilt, wenn sie ihr Können bewiesen haben und die Kriterien erfüllen. Zwei Schüler werden ihr Können erst in der kommenden Stunde unter Beweis stellen.
Jedes ausgemalte Ziel gilt als erreicht. Ihre Teilziellisten verwahren die Schüler im Sammelordner, und ein Exemplar hängt zur Orientierung im Raum. Am Ende der Unterrichts-Einheit werden die Teilziellisten mit dem Beweis für das erreichte Ziel in die Portfolios geheftet.

Üben und Festigen

Im Tagesplan unserer KLAX-Grundschule ist für jeden Schüler eine Übungszeit vorgesehen. Sie dient der Vertiefung des Gelernten. Deshalb wird in dieser Zeit meist ein Produkt hergestellt, das mit dem aktuellen Thema zusammenhängt und das die Kinder motiviert bearbeiten. Diesmal entscheiden wir uns für die **Herstellung eines Bilderbuches**. Es lehnt sich an ein Buch von Bill Martin an und heißt „Brown bear, brown bear, what do you see?" Wir halten dieses Buch für besonders geeignet, da sich die einzelnen Zeilen des Inhalts wiederholen, da die Farben den Kindern schon bekannt sind und sie sich die Tiernamen leicht merken können. Unser Teilziel für diese Stunde lautet: **„Ich kann ein Buch mit bunten Tieren herstellen und sagen, welche Farben die Tiere haben."**

Vorstellen des Teilziels

Anschließend wird das Buch den Schülern im Original vorgelesen, und wir übersetzen den Text. Durch die Bilder erklärt er sich fast von selbst, und die Kinder haben das Gefühl, schon viel auf Englisch zu verstehen. Anschließend betrachten die Kinder ein von uns vorbereitetes, selbstgebasteltes Buch, damit sie schon mal sehen, wie so etwas ausschauen könnte.

Wir besprechen zusammen die **Qualitätskriterien für die Arbeit** und einigen uns darauf, dass die Tiere in der richtigen Farbe gemalt werden müssen und man sich beim Ausmalen Mühe geben soll, damit das Buch schön wird. Das wichtigste Kriterium ist jedoch, dass die Kinder die jeweilige Farbe auf Englisch nennen können. Die Herstellung des Buches macht den Schülern Freude. Einige benutzen die Vorlagen nur als Anregung und fügen eigene Zeichnungen mit farbigen Tieren ein.
Während die Schüler selbstständig an der Gestaltung ihres Buches arbeiten, lesen wir die Geschichte mit einzelnen Kindern. Beim Vorlesen lassen wir die Farben und zuweilen auch die Namen der Tiere aus, so dass die Schüler sie ergänzen können. Das macht den Kindern Spaß, und mit Hilfe ihrer eigenen Zeichnungen fallen ihnen die passenden englischen Wörter leicht ein. Als alle Seiten gestaltet sind, binden wir das Buch zusammen.

Nun kommt der **Lernziel-Beweis** an die Reihe: Einzeln nennen die Kinder entweder nur die Farbe der Tiere oder die Farbe und den Namen der Tiere. Einige von ihnen sind tatsächlich in der Lage, das ganze Buch mit Hilfe der Bilder auf Englisch vorzutragen. Wir waren darüber schlichtweg sprachlos, und die Kinder waren sehr stolz. Wer sein Ziel erreicht hat, malt es auf dem Teilzielblatt aus. Die Levels für das nächste Teilziel lauten:

> *Level 1: „Ich kann meine Lieblingsfarbe benennen."*
> *Level 2: „Ich kann meine Lieblingsfarbe im ganzen Satz nennen:*
> *My favourite colour is ..."*
> *Level 3: „Ich kann jemanden nach seiner Lieblingsfarbe fragen und meine Lieblingsfarbe im ganzen Satz nennen."*

In der folgenden Stunde zieht jedes Kind im Sitzkreis eine Farbkarte mit seiner Lieblingsfarbe. Da wir schon in der letzten Stunde damit begonnen hatten, konnten sich alle noch an ihre Lieblingsfarben erinnern und sie auf Englisch benennen. Diese ständige Wiederholung und Anwendung im Fremdsprachenunterricht ist unerlässlich und gibt den Kindern Sicherheit. In kleinen Dialogen üben wir, indem sich die Kinder gegenseitig befragen: „What's your favourite colour?"

In der nächsten Phase lernen die Kinder das **„Colour game"** kennen. Mit Hilfe dieses Spiels werden die Farben black, purple, yellow, white, grey und brown geübt, die die Kinder nicht oft als Lieblingsfarben wählen, damit auch diese Farben durch die Wiederholung in den aktiven Wortschatz aufgenommen werden. Jede Gruppe mit drei bis vier Spielern bekommt ein Spielfeld. Die Kinder würfeln mit Papierwürfeln, auf denen die gleichen Farben wie auf dem Spielfeld zu finden sind. Die Würfel haben wir selbst hergestellt. Beim „Colour game" würfelt der erste Spieler und muss die gewürfelte Farbe auf Englisch benennen. Er kann sich auch von jemandem helfen lassen. Vergisst er, die Farbe laut zu sagen, und setzt einfach seinen Spielstein weiter, muss er aussetzen. Wer als Erster im Ziel ist, hat gewonnen. Nach dem Spiel treffen wir uns wieder im Sitzkreis, um die Ziele der Stunde auszuwerten. Dazu wiederholen die Kinder noch einmal ihre Lieblingsfarbe im Satz oder versuchen sich in einem kurzen Dialog. Es ist ihnen freigestellt, vor der Gruppe oder nach dem Unterricht mit uns allein zu sprechen, damit kein Kind unter Druck gerät.

Auswertung der erreichten Levels

In dieser Stunde erreichten die Kinder zwei Ziele: Sie spielten das „Colour game" und benannten Lieblingsfarben. Nach nur vier Unterrichtsstunden hatten sie schon drei von vier Teilzielen geschafft. Sie waren stolz, weil sie sehen konnten, dass ihre Wege zum Ziel auf den Listen immer bunter wurden und waren hochmotiviert.

Das Bilddiktat

In einer weiteren Stunde wiederholen die Kinder noch einmal die Grundfarben. Anschließend besprechen wir das letzte Teilziel, das wir uns für diese Stunde vorgenommen haben. Da dies die letzte Stunde der Unterrichtseinheit „Colours" ist, geht es um die Zielauswertung des Checklistenziels. Die Levels für die Stunde, die die Kinder wieder in ihre Logbücher kleben, lauten:

> *Level 1:* „Ich kann Grund- und Mischfarben benennen: red, yellow, grey ..."
> *Level 2:* „Ich kann Grund- und Mischfarben in einem Satz benennen: This is yellow. The dog is brown."

Anschließend wird ihnen das Bilddiktat zum Hörverständnis erklärt, das auf dem Teilzielblatt abgebildet ist und dazu dient, Wörter aus dem passiven in den aktiven Wortschatz zu übernehmen. Mit Hilfe des Bilddiktats wird ihnen bewusst, wie viel sie schon auf Englisch verstehen können.

Es läuft so ab: Wir nennen eine Farbe auf Englisch, die Kinder greifen sich einen Stift in der jeweiligen Farbe und malen den Farbklecks auf dem Teilzielblatt aus. Kinder, die Schwierigkeiten haben, dürfen beim Bilddiktat schummeln und gucken, welche Stifte die anderen verwenden. Das ist in Ordnung, denn es gibt ihnen einen gewissen Schutz. Außerdem lernen sie dabei, weil es eine Wiederholung ist: Sie hören „purple" und sehen, wie andere zum lilafarbenen Stift greifen. Beim nächsten Mal schaffen sie es meist schon allein.

Nun geht es um das Sprechen der englischen Vokabeln. Wir klären noch einmal die Qualitätskriterien: Es muss das richtige Wort verwendet und deutlich ausgesprochen werden.

Das Auswertungs- und Portfolio-Gespräch

Zum Auswertungs-Gespräch bitten wir immer ein Kind an einen abseitsstehenden Tisch. Die anderen Kinder wissen, dass sie solche Gespräche nur unterbrechen dürfen, wenn etwas ganz Wichtiges passiert. Ansonsten müssen sie warten, bis das Auswertungs- und Portfolio-Gespräch beendet ist. Sie arbeiten in dieser Zeit an ihren Büchern oder spielen noch einmal das „Colour game".

schon auf die Qualitätskriterien und antworteten: „Weil ich die Farben richtig gesagt habe." Andere reflektieren ihren Lernweg: „Weil ich immer das Lied gesungen und dadurch die Farben gelernt habe." Aber es gibt auch Kinder, die antworten: „Weil ich jetzt schon groß bin."

Da es bei den Jüngeren um Anbahnung von Selbsteinschätzungen geht, schreiben wir auch solche Antworten stellvertretend für die Schüler auf das „Wolkenblatt", nennen aber auch die Kriterien und sagen den Kindern, warum wir glauben, dass sie das Ziel erreicht haben. So bekommen sie ein Gefühl dafür, dass und wie sie lernen. Nach dem

Ein Schüler beim Auswertungs-Gespräch

Im Auswertungs- und Portfolio-Gespräch haben die Kinder die Aufgabe, die zuvor ausgemalten Farbkleckse auf Englisch zu benennen. Die Anzahl der richtig genannten Farben wurde schon auf dem Teilzielblatt festgehalten. An dieser Stelle sei angemerkt, dass zwar nicht alle Kinder alle Farben nennen konnten, aber dass sich alle Kinder fast alle Farben merken konnten. Dies halten wir für ein wirklich gutes Ergebnis bei Erstklässlern.

Anschließend sprechen wir mit dem Schüler darüber, warum er meint, das Ziel erreicht zu haben. Dazu benutzen wir das Formblatt „Geschafft! Gelernt!", das die Kinder „Wolkenblatt" nennen (vgl. Abb. S. 34).

Auf die Frage, warum das Ziel erreicht worden ist, gibt es genau so viele Antworten wie Kinder. Einige Kinder beziehen sich

Gespräch freuen sich die Schüler, dass sie ihre Beweise in die Portfolios heften können. Die Portfolios bringen die Schüler zur Auswertungsstunde aus ihrem Bezugsgruppenraum mit in den Englischraum. Besonders stolz sind sie, wenn wir das Datum in die Checklisten eintragen. „Meine Mama schaut immer auf die Liste. Dann sieht sie, was ich kann", sagt Moritz.

Literaturtipp:

▶ Martin, B./Carle, E.:
Brown Bear, Brown Bear, What Do You See?
Holt-Verlag, 1995.
ISBN 0-14-050296-3

Ein Philosophie-Projekt

Die Portfolio-Methode und die Unterrichts-Arbeit mit klaren, evaluierbaren Zielen setzen darauf, dass die Schüler ihre Bildungsprozesse reflektieren. Sie verstehen, wie sie lernen, weil sie ihre Lernergebnisse und Lernwege reflektieren. Allmählich begreifen sie, dass sie es sind, die ihre Lernwege in der Hand haben. Sie begreifen: Es geht um mich, meine Fähigkeiten, mein Können. Selbstbewusstein setzt ein Ich-Gefühl voraus. Es basiert auf individuellen und unverwechselbaren Erfahrungen, auf Erfolgen und Verletzungen. Bei dreijährigen Kindern entwickelt sich dieses Gefühl allmählich. Was es bedeutet, begreifen sie aber erst viel später: Was heißt es, wenn ich „ich" sage? Was beinhaltet dieses „Ich"? Stellt man eine dieser Fragen unter Schülern der 3. und 4. Klasse zur Diskussion, ergeben sich daraus hochphilosophische Fragen, die die Kinder beschäftigen. Um Antworten darauf zu finden, muss man sich bewusst mit sich selbst auseinandersetzen und die Frage nach der **Identität** stellen. Das taten wir gemeinsam im Philosophieunterricht. In der Monatsplansitzung beschlossen wir das fächerübergreifende Thema **„Herbst"**, das auf verschiedene Weise bearbeitet wurde. Die Jahreszeit Herbst steht für den Übergang von Sommer zum Winter und ist ein Sinnbild für die Veränderung der Natur. Selbst in der Stadt ist für die Schüler der Wechsel der Jahreszeit ein unübersehbares sinnliches Ereignis. Die Bäume an den Straßen ihres Wohn- und Schulbezirks sind voller bunter Blätter, das Tageslicht schwindet eher, die Nacht bricht früher herein, und es wird kühler. Diese Veränderungen der Umwelt nahmen wir zum Ausgangspunkt, um den Blick auf die eigene, stetige Veränderung zu lenken und die Auseinandersetzung mit dem philosophischen Begriff der Identität einzuleiten. Natürlich ging es in der Diskussion mit den Schülern nicht darum, hochkomplexe, abstrakte Zusammenhänge zu besprechen, sondern dem Ich-Gefühl auf die Schliche zu kommen. „Wie ist es möglich", lautete die Kernfrage, „dass man sich verändert und sich dennoch gleich bleibt?"

Als Einstieg in das Thema wählten wir eine **Rätselgeschichte** (siehe Kasten). Der Mythos von Theseus ist für Schüler der 3. und 4. Klasse nicht leicht zu verstehen, weil er nur bedingt an ihre Alltagswelt und -sprache anknüpft. Zudem haben einige Schüler keine Lese- oder Hörerfahrungen in Hinblick auf die antike Sagenwelt. Deshalb haben wir die Sprache der Geschichte ihrem Verständnis angepasst und sie erklärend nacherzählt.

Das Schiff des Theseus

Nach antiker Überlieferung fuhr der attische Held Theseus mit einem Schiff nach Kreta, um den Minotaurus zu töten. Bis dahin mussten die Athener dem Ungeheuer jedes Jahr sieben junge Männer und sieben Frauen opfern. Als Theseus den Minotaurus besiegte, war der Dank der Athener so groß, dass sie dem hilfreichen Gott Apollon, der Theseus half, jedes Jahr ein Prozessionsschiff zur Insel Delos sandten, der Geburtsinsel Apollons.

Diese Tradition hielt viele Jahrhunderte, und es entstand die Frage, ob es sich – wie es der Kult verlangte – immer noch um das Schiff des Theseus handelte. Schließlich wurde es über die Zeiten hin oft repariert, renoviert, vielleicht sogar ersetzt. War es wirklich das Schiff des Theseus? Die Athener steckten in einem Dilemma: Es war das Schiff, und es war es nicht.

Die Geschichte stammt verkürzt aus: Martens, E.: Philosophieren mit Kindern. Eine Einführung in die Philosophie. Reclam 1999. ISBN 3-15-009778-9

Wir bauen ein Schiff

Um die Aufmerksamkeit der Schüler auf das **Schiff** zu lenken und die Geschichte etwas plastischer zu gestalten, modellierten wir das Schiff aus schwimmfähiger Knete und ließen es in einer großen Wasserschale schwimmen. Das half der Vorstellungskraft auf die Sprünge. Für den Rumpf nutzten wir Knete, als Mast diente ein Trinkhalm und das Segel ließ sich aus Papier anfertigen. Beschädigungen durch „starken Seegang" konnten wir während der Erzählung sichtbar machen.

Im Anschluss an die Einleitung, die die Schüler mit Spannung verfolgten, gingen wir in Gruppenarbeit daran, das Schiff wieder herzustellen. Wir stellten zwei einfarbig grüne Schiffe mit weißen Segeln auf den Tisch, die sich nur im Ausmaß ihrer Schäden unterschieden. Dieser kleine, aber sichtbare Unterschied sollte in der Diskussion mit den Schülern einen Anreiz bieten, sich über das Maß von Veränderungen auseinanderzusetzen. Um den Umfang der jeweiligen Reparaturen der Schiffe wahrnehmbar zu machen, stellten wir gelbe Knete und rotes Papier für die Segel bereit. Die Farbe des

Materials hatte konkreten Bedeutungswert, nämlich die Unterscheidung zwischen alt und neu. Damit später die genaue Benennung der Veränderungen möglich wurde, ordneten wir die neuen, gelben Planken einem weiteren Schiff zu, der „Delta".

> **Checklistenziele:**
> 1) *„Ich kann die stofflichen Veränderungen der Schiffe beschreiben und mir eine Meinung zu der Frage bilden, welches der beiden das Schiff des Theseus ist."*
> 2) *„Ich kann mich an der Diskussion beteiligen und meine Meinung begründen."*

Schiffe aus schwimmfähiger Knete

Ist das Schiff noch ein und dasselbe?

Wir baten die Schüler, die alten, ausgewechselten Planken der „Alpha" wieder zu verwerten, um ein kleines Schiff daraus zu bauen. Es ging uns darum, dass sie auf dieser Grundlage das Schiff „Alpha" bestimmen können: Ist es eine neues Schiff? Oder ist es identisch mit den Teilen, aus denen es besteht? Nach einer halben Stunde stellten die Schüler ihre Ergebnisse und Überlegungen vor. Gemeinsam sprachen wir darüber, ob es sich immer noch um das Schiff des Theseus handelte, obgleich die Planken neu sind. Wie viele Schiffe gibt es? Welches ist zu Recht das Schiff des Theseus?

Während der Diskussion kamen die Schüler auf den Kern der Sache: **Veränderungen und das Problem der Identität.** Nun konnten wir das Ziel vorstellen und besprachen gemeinsam die Schritte, auf denen wir lernend voranschreiten wollten. Die Diskussionen während der Wiederherstellung des Schiffes behandelten den Begriff „Veränderung" auch allgemein und führte zur der Frage: Was von mir bleibt trotz stetiger Veränderung unverändert? In der darauf folgenden Stunde stellten wir die Materialien und die einzelnen Levels vor, die den unterschiedlichen Leistungsständen der Schüler entgegenkamen.

Level 1: „Ich kann den Inhalt der Geschichte mit meinen eigenen Worten wiedergeben und das Problem benennen."

Kriterien:

➤ Ich spreche frei und deutlich.
➤ Ich bezeichne die Figuren richtig.
➤ Ich bringe das Geschehen in die richtige Reihenfolge.
➤ Ich nehme auf Band auf, was ich erzähle, und überprüfe danach, ob ich auf alles geachtet habe.

Level 2: „Ich lese den Text ‚Ab heute heiße ich Frederik' und beschreibe das Problem."

Kriterien:

➤ Ich verstehe den Text.
➤ Ich kann Fragen zum Text beantworten.
➤ Ich kann herausfinden, welche Parallelen es zu der Geschichte vom Schiff des Theseus gibt.

Level 3: „Ich kann den Gedanken Heraklits erklären: ‚Ich steige nicht zwei Mal als derselbe in denselben Fluss.'"

Kriterien:

➤ Ich schaue mir die Illustration an und bespreche das Problem mit einem Mitschüler.
➤ Ich versuche, mit meinen eigenen Worten zu erklären, was Heraklit meinte, und stelle die Ergebnisse vor.

Bleibst du gleich, wenn sich an dir etwas verändert?

Der **1. Level** wurde von drei Kindern der Gruppe „Geparden" gewählt, die völlig verschiedene Intentionen äußerten. Fritza und Sarah wollten probieren, die Geschichte nachzuerzählen, und im Anschluss mit **Level 3** beginnen. Nach 10 Minuten kamen sie zurück und präsentierten eine Aufnahme, in der Sarah eher als Moderatorin auftrat und Fritza beim Thema zu bleiben half. Bei der Erarbeitung von Level 3 fiel auf, dass Fritza Schwierigkeiten hatte, das Rätsel des Heraklit zu lösen, weil sie die vermittelte Unterscheidung „Stofflichkeit und Idee" noch nicht sicher beherrschte. Doch am Level 1 konnte sie das Problem erkennen und später auch richtig benennen.

Ein Gespräch zwischen Sarah und Fritza, das sie für ihre Portfolios selbst aufgezeichnet haben:

Sarah: *Sag mal, die Frage ist, ob du das Gleiche bleibst, oder? Ob du das Gleiche bleibst, wenn du irgendwas an dir auswechselst.*

Fritza: *Die Frage war, ob du die Gleiche bleibst, wenn du an dir was auswechselst. Manche Sachen ja, manche nein. Ich denke, dass du, wenn du etwas ausgewechselt kriegst, immer noch die Gleiche bist wie vorher.*

Sarah: *Ja.*

Fritza: *Das glaub ich, weil – wenn es ein Mercedes ist und alles sich verändert, außer die Sitze, dann ist es immer noch ein Mercedes. Es ist immer ein Mercedes, so lange ich an einen Mercedes denke, wenn ich ihn sehe.*

Sarah: *Die Frage war, ob „Alpha" zu „Delta" wird.*

Fritza: *Also, „Alpha" bleibt immer „Alpha", auch wenn es älter wird.*

Theo entschloss sich, den **1. Level** zu wählen, weil er noch nicht so gut schreiben, aber schnell reden kann. Er benötigte fast die ganze Erarbeitungszeit und kam zu unserer Überraschung sehr ruhig in den Gruppenraum zurück. Theo hat einen großen Bewegungsdrang und ist sehr schnell abgelenkt. Durch die Aneignung von Ersatzstrategien gelang es ihm in den letzten Wochen, auch längere Arbeitsphasen durchzustehen. Seine Tonaufnahme enthielt die ausführlich und treffend erzählte Geschichte vom Schiff des Theseus und die klare Benennung des Problems der Identität.

„Lernen mit Zielen" führt zu hochmotivierten Lernern. Voraussetzung ist aber genaue Planung und die Möglichkeit, im Fach Philosophie Levels zu schaffen, die eine Auseinandersetzung auf der Basis des Könnens ermöglichen.

Der **2. Level** wurde von zwei Schülern gewählt, die seit einigen Wochen flüssig schreiben und motivierte Leser sind. Leonie und Nina nutzten das Angebot, um ihre neu erworbene Lesekompetenz zu erweitern und zu vertiefen. Ihre Antworten zeigten, dass der Text altersgemäß war. Auch Connor begann mit dem 2. Level und benötigte Hilfestellungen, da er ab und an unsicher war, ob er eine Frage richtig verstanden hatte. Wir sagten ihm, dass uns seine Überlegungen gut gefielen, weil sie zutrafen. Gemeinsam einigten wir uns auf weitere Übungen, um sein Vokabular zu trainieren.

> **Connor (8):**
> *Wir haben die ganze Zeit darüber geredet, dass, wenn man etwas austauscht, das man schon lange hat, dass es immer noch das Gleiche ist. Es hat immer noch den gleichen Namen. Es bleibt auch gleich, wenn alle Teile ausgetauscht werden, außer eins.*

Der **3. Level** wurde von sechs Schülern der Gruppe „Geparden" gewählt. Die Motivation der Schüler, ein uraltes Rätsel zu lösen

und damit auf dem höchsten Level zu arbeiten, war beeindruckend. Obwohl es offensichtlich bei einigen Kindern zu Deutungsschwierigkeiten kam, konnten wir durch Partnerarbeit und die eingeplante Verlängerung der Bearbeitungszeit gute Ergebnisse erreichen.

Die Gespräche unter den Schülern zeigten, wie wichtig das sprachliche Handeln für problemlösende Aufgabenstellungen ist. Ein Schüler traute sich bei der Auswahl des Levels zu viel zu und war überfordert. Wir verabredeten, dass er erst einmal versucht, den vorangehenden Level zu bewältigen. Er vertiefte sich jedoch in die Fragestellungen und bewies im Auswertungsgespräch durch konkrete Antworten, dass er das Lernziel doch erreicht hatte.

Bei der **Präsentation der Lernergebnisse** zeigten die Schüler aus der 3. Klasse durchweg Lösungen, die die gelungene Auseinandersetzung mit dem Problem und den Lösungsmitteln belegten und sich zunächst wenig an persönlichen Erlebnissen orientierten. Aus den Aussagen der Schüler gingen klare, für alle verständliche Begründungen für den Satz Heraklits hervor, die überzeugten.

> **Hugo (8):**
> *Heraklit hat Recht, weil man sich jede Sekunde verändert und der Fluss auch nicht derselbe ist.*

> **Moritz (9):**
> *Moritz steigt nicht zwei Mal in den Fluss, doch meine Idee von mir steigt immer in denselben Fluss. Er verändert sich, ich werde immer größer. Und der Fluss fließt immer und ewig.*

Mit der zweiten Lerngruppe, den „Kobras", gingen wir etwas anders vor. Sie waren bereits ein Schuljahr weiter. Da sich die Viertklässler aber in einigen Philosophiestunden mit den Drittklässlern trafen, stimmten wir die Unterrichtsinhalte und Aufgaben so aufeinander ab, dass gemeinsames Arbeiten an den jeweils unterschiedlichen Zielen möglich war.

Der **Level 1** für die „Kobra"-Gruppe „Ich kann die Veränderung von Theseus' Schiff in einer Zeichnung wiedergeben und das Problem zeigen" orientierte sich an der Umsetzung und dem Transfer sprachlicher und visualisierter Ergebnisse der ersten vier Stunden der Unterrichtseinheit in eine grafische Darstellung.

Ob die Schüler eine gegenständliche oder abstrakte Darstellung wählen, wurde ihnen freigestellt. Sie sollten nicht nur die Veränderung durch die Renovierung des Schiffs zeichnen, sondern auch ein Dilemma zeichnerisch darstellen.

Dies war eine hohe kognitive Leistung, die Vorstellungskraft benötigte, dafür aber zunächst ohne gleichzeitigen inhaltlichen Transfer und die Einbindung des Schreibvermögens auskam.

Alles fließt, alles verändert sich

Der **Level 2** bezog sich wieder auf einen berühmten Satz Heraklits, den die Schüler erläutern sollten: „Alles fließt, das heißt, alles verändert sich. Was bleibt?" Hier sollten die Schüler die frisch erworbenen Unterscheidungen von Stofflichkeit versus Idee, Körper versus Ich-Identität anwenden und damit die erfolgreiche Aneignung des Wissens dokumentieren.

Die Aufgabe von **Level 1** wurde von einigen Schülern zu Beginn unterschätzt, da sie sich zunächst nur auf die zeichnerische Darstellung der Schiffe konzentrierten. Erst ein Gespräch und der Vergleich der verschiedenen Zeichenansätze führte zu sprachlichen und danach zu bildnerischen Lösungen. Ein Schüler hielt sich so lange an der Umsetzung einer detailgenauen Darstellung des Schiffs auf, dass er die Aufgabe nicht beenden konnte. Wir vereinbarten, dass er die Arbeit in der kommenden Stunde fertig stellt.

Im Gegensatz zu den Drittklässlern bearbeiteten alle Schüler der „Kobra"-Gruppe die Aufgabe von **Level 2** einzeln, obwohl ihnen Partnerarbeit angeboten wurde. Doch bei ihnen stand die eigene Auseinandersetzung mit der Aufgabe im Vordergrund. Überraschenderweise zeigten die **Lösungsansätze in Level 2** keine Alltagsanalogien aus der individuellen Lebenswelt der Schüler.

Sie versuchten, objektiv und textgemäß auf abstrakter Ebene zu begründen. Alle Ergebnisse zeigten bemerkenswerte kognitive Denkleistungen und belegten die neuen Unterscheidungskompetenzen auf verschiedenen sprachlichen und schriftlichen Niveaus.

Hannah (10):
Der Körper verändert sich, unsere Seele bleibt gleich. Heraklit hat Recht. Es bleiben unsere Identität, unsere Gefühle und unser gedankliches Wissen.

Marie (11):
1. *Meine Mama nennt dich Paula. Dein Name bleibt, er verändert sich nicht.*
2. *„Alpha" ist kaputt. „Delta"-Planken werden eingebaut, trotzdem ist es noch „Alpha", es ist ja immer noch für denselben Sinn gedacht. Und es ist immer noch dieselbe Idee.*

Aufklärung:
„Alpha" bleibt „Alpha", es ist egal, ob „Alpha" „Delta"-Planken bekommt. Nur wenn „Alpha" für eine andere Idee gebraucht wird, kann das Schiff anders heißen.

Der Beweis

Der Beweis hat die Funktion des zentralen Instrumentes bei der Messung des **individuellen Lernerfolges**. Damit die Schüler auf die Aufgabenstellung „Ich kann beweisen, dass ich den Begriff der Identität kenne und ihn erklären oder darstellen kann" vorbereitet sind, wurden in der vorangegangenen Stunde noch einmal alle erworbenen Unterscheidungen, der Begriff Ich-Identität und seine drei Komponenten (individuelle Erinnerungsinhalte, unverwechselbare persönliche Erfolge und Verletzungen sowie Erfahrungen aus wichtigen sozialen Beziehungen) wiederholt. Zu Beginn besprachen wir mit den Schülern mögliche Formen des Lernbeweises. Als sie die Teilziele der vorangegangenen Stunden erreichten, hatten sie einzelne Schritte und Lernerfolge bereits belegt. Nun ging es darum, eine Form zu finden, die es möglich machte, sich die erworbenen Kompetenzen noch einmal vor Augen zu führen.

Schnell fanden die Schüler Darstellungsweisen, die eine grafische Beweisführung erlaubten. Dabei stellte ein Schüler fest, dass eine **„Kopfzeichnung"** eine gute Lösung wäre, um Ich-Identität darzustellen. Die Option, den Beweis schriftlich und grafisch zu erarbeiten, stieß vor allem bei der jüngeren Lerngruppe, den „Geparden", auf großen Zuspruch. Doch wie stellt man seinen Kopf dar? Und was sollte da hinein? Etwa die erfahrenen Veränderungen? An dieser Stelle boten einige Kinder ein Verfahren der bildenden Kunst an, den **Schattenriss**.

Das Verfahren wurde begeistert angenommen. Unser Ziel war es, den Schülern eine Grafik anzubieten, die nicht nur individuelle Selbstreflexion auszulösen versprach, sondern die noch einmal eine Auseinandersetzung mit dem Identitätsbegriff ermöglichte. Alle arbeiteten sehr konzentriert an der Anfertigung ihrer Beweise. Vor allem die „Geparden" nutzten die Möglichkeit, Komponenten ihres Ich-Gefühls gegenständlich

Eine Kopfzeichnung zur Ich-Identität von Marc-Lorenz

darzustellen, während die Schüler der 4. Klasse ihre Gedanken aufschrieben. Die Drittklässler begannen mit der Darstellung konkreter individueller Fakten und der Darstellung der Familie, während die Schüler der „Kobra"-Gruppe eher eigene Erlebnisse mit Freunden benannten. Die Komponente „Wissenserwerb" wurde erst am Schluss, aber von fast allen Schülern eingebracht. Dabei wurden die Grundrechenarten und das erste Buch als Symbole für persönlich wichtige Kompetenzen dargestellt. Einige Schüler stellten auch die im Philosophie-Unterricht erworbenen Unterscheidungen zum Thema „Angst" dar. Ein Schüler zeichnete eine Schule, um Wissenserwerb darzustellen, ein zweiter zeichnete als wichtigen identitätsstiftenden Erfahrungswert die KLAX-Grundschule.

Anhand der Zeichnungen erklärten die Schüler in einem Gespräch, was es mit dem Ich-Gefühl und dem Begriff der Identität auf sich hat. Diese kleine mündliche Prüfung war wichtig, denn sie zeigte, dass die Kinder die Begriffe nicht nur beherrschen, sondern sie auch anwenden können. Die Veränderungen des Theseus' schen Schiffes wurden auf die eigene Person bezogen, die gleich bleibt – mit sich identisch – und sich doch durch tägliche Erfahrungen ständig verändert. Fast alle Schüler belegten im Gespräch, dass sie das Lernziel erreicht hatten.

Und was ist das nun, Identität?

Lassen wir die Schüler sprechen:

Hannah (10):

Identität ist das, was sich nie verändert, zum Beispiel unser Name oder dass wir Eltern haben. Das ist gut, weil: Das verändert sich nicht wie unser Körper.

Sarah (8):

Identität ist das, was sich nie verändern kann. Ich bleibe immer Sarah. Ich werde groß, aber meine Identität, mein Ich sitzt in meinem Gehirn und verändert sich nicht.

Fast alle Schüler erwiesen sich in der mündlichen Anwendung des Begriffs „Identität" als sicher. Der grafische Transfer der Vorstellung von Ich-Identität fiel ihnen leicht. Mit einem Kommentar zur Prüfung, an jeden Schüler persönlich adressiert, konnten sie ihre Beweise nun in die Portfolios heften.

Literaturtipps:

▶ Brüning, B.:
Philosophieren in der Grundschule.
Grundlagen, Methoden, Anregungen.
Cornelsen Verlag Scriptor, 2001.
ISBN 3-589-05066-7

▶ Schreier, H. (Hrsg.):
Nachdenken mit Kindern.
Aus der Praxis der Kinderphilosophie in der Grundschule.
Klinkhardt, 1999.
ISBN 3-7815-1060-3

▶ Matthews, G. B.:
Philosophische Gespräche mit Kindern.
Freese, 1993.
ISBN 3-88942-008-7

▶ Bostelmann, A./Metze, T. (Hrsg.):
Zwischen Himmel und Erde.
Philosophieren und Nachdenken mit Kindern über Leben und Tod.
Ein Werkstattbuch.
Beltz, 2005.
ISBN 3-407-56279-9

Ein Schüler bei der Auswertung des Checklistenziels mit Hilfe des „Wolkenblattes"

Kapitel 4

Auf den Spuren des Regenwurms

Der Bildungswettbewerb –
Ein Gemeinschaftsprojekt

Einmal jährlich findet innerhalb unseres Unternehmens ein Bildungswettbewerb statt, an dem sich alle Einrichtungen (KLAX-Kindergärten, Kinderbildungswerkstatt und KLAX-Grundschule) mit Beiträgen beteiligen, die ausgestellt werden.

Im Jahr 2005 stand der Bildungswettbewerb unter dem **Motto „Kinder zeigen Kunst"**. Dies beschränkte sich nicht allein auf den Atelierbereich oder den Kunstunterricht. Nach der ersten Besprechung im Lehrerteam war klar, dass wir daraus ein jahrgangs- und fächerübergreifendes Projekt kreieren würden. In Kinderkonferenzen besprachen wir mit den Schülern Möglichkeiten der Umsetzung und sammelten Ideen. Danach entwarfen wir auf einer Monatsplanungssitzung im Lehrerteam die grobe Planung und überlegten, welche Bildungsprojekte auf der Basis der Ziele in den einzelnen Fächern durchgeführt werden könnten.

Projektmappe ‚Spurensuche', in der Verlauf und Ergebnisse des Projektes dargestellt werden

Eine **„Spurensuche"** mit den Schülern im Schulgarten vertiefte das Thema. Ausgehend vom Grundelement Erde, das im Kon-

text der vier Elemente im Fach Sachkunde behandelt wurde, stand die Belebung des Schulgartens im Mittelpunkt. Beim Umgraben stießen die Schüler auf einen der Bewohner des Erdreichs, den Lumbricus terrestris, eine heimische Regenwurmart. Mit diesem „Spatenstich" war unser **Projekt „Auf den Spuren des Regenwurms" geboren**.

Auf einer Planungssitzung im Lehrerteam besprachen wir weitere Feinheiten: Das Projekt beinhaltete zahlreiche Möglichkeiten der fächerübergreifenden Erarbeitung.

Unter dem Motto „Kinder zeigen Kunst" sollten die fertigen Werke der Schüler im Souterrain der Schule, unserer „Galerie unter der Erde", präsentiert werden.

Im Kunstunterricht hatten sich die Schüler schon seit zwei Wochen dem Thema „Spurensuche" genähert. Das Hinterfragen der Natur während einer Exkursion sollte sie anregen, ihre Wahrnehmungen assoziativ umzusetzen.

Farbige Fotokopien dienten dazu, vorhandene Strukturen fantasievoll in neue Gebilde zu verwandeln. Anschließend erkundeten die Schüler mit Hilfe der Frottage-Technik verschiedene Spuren in den Schulräumen.

Der **Begriff „Frottage"** *leitet sich von dem französischen Wort frotter = abreiben ab und bezeichnet eine von Max Ernst entwickelte Technik des Durchreibens strukturierter Oberflächen von Gegenständen.*

Die Schüler waren überrascht, wie viele grafische Strukturen zum Vorschein kamen und wie schwer sie sich einem Gegenstand zuordnen ließen. Der experimentelle

Umgang mit spurgebenden Materialien regte sie dazu an, selbst Werkzeuge und Malmittel zum Zeichnen zu entwickeln. Dies führte die Schüler – nach den Grabungen im Schulgarten und dem Betrachten der Regenwürmer im Beobachtungskasten– zu ihrem ersten Themenbereich, dem **Malen mit Erde, Sand und Ton**.

Da dem Lernen im Fach Kunst ein Spiral-Curriculum zu Grunde liegt, können die Schüler während einer künstlerischen Arbeit mehrere Checklistenziele erreichen. Zwar wiederholen sich einzelne Checklistenziele, werden in den einzelnen Themenbereichen aber immer anders angewandt. Innerhalb des Regenwurm-Projekts erprobten die Schüler – wie auch bei anderen Themen und Projekten – künstlerische Strategien, Verfahren oder Techniken und setzten sich mit Materialien verschiedener Art intensiv auseinander.

Bei der **Planung des Projekts** trugen wir zunächst alle Themenfelder und die dazugehörigen Ziele in ein Lotus-Diagramm ein, um den Projektablauf grob vorzustrukturieren und einen Überblick über die thematischen Möglichkeiten im Fach Kunst und im Kontext des Gesamtthemas zu ermöglichen.

Bei einem Gemeinschaftsprojekt wie dem **„Regenwurm-Labyrinth"** sollten die Schüler lernen, im Team zusammenzuarbeiten, sich abzusprechen und ihre Erfahrungen auszutauschen. Wir machten sie mit einem Künstler bekannt, dessen gestalterische Arbeitstechniken als Anregungen im Unterricht dienen können. Dies ermöglichte den Schülern Zugang zu zeitgenössischer Kunst. Sie lernten, über Inhalte von Kunstformen zu sprechen und sie, darauf aufbauend, für eigene Gestaltungsprozesse zu nutzen.

Bei der **„Regenwurm-Lampe"** unternahmen die Schüler den Versuch, ähnliche Verfahren und Techniken anzuwenden, um eigene Kunstobjekte zu gestalten.

Checklistenziele:

➤ *„Ich kenne einen Künstler."*
➤ *„Ich kenne ein Kunstwerk."*
➤ *„Ich kann ein Kunstwerk beschreiben."*
➤ *„Ich kann etwas selbstausgedachtes bauen."*
➤ *„Ich kann Farbe deckend und lasierend auftragen."*

Innerhalb des Kunstunterrichts werden Sach- und Methodenkompetenz sowie soziale Kompetenz in enger Verbindung miteinander entwickelt. Soziale Ziele finden sich in jedem Thema wieder, da ästhetisch-künstlerische Erfahrungen an bestimmte Handlungsformen sozialer Interaktionen gebunden sind. Spielerisch erlernen die Schüler den Umgang mit den Regeln im Atelier, sie lernen, ihren Arbeitsplatz selbstständig einzurichten und mit den Materialien sinnvoll und zweckmäßig umzugehen. Sie lernen, ihre Arbeiten im Prozess und am Ende einer Unterrichts-Einheit vorzustellen. Sie lernen, sich selbst einzuschätzen und anhand der Kriterien ihre Arbeit zu beurteilen. Dadurch erweitern sie ihre Fähigkeit zu Urteilstoleranz und lernen, die Sichtweisen der anderen Schüler wahrzunehmen und zu respektieren. Die Schüler kennen die Ziele für jede Unterrichts-Einheit. Wer sein Teilziel erreicht hat, nutzt die Zeit, um an gemeinsamen Projekten mitzuwirken.

Dokumentationsmappe zum fächerübergreifenden ‚Regenwurm-Projekt'

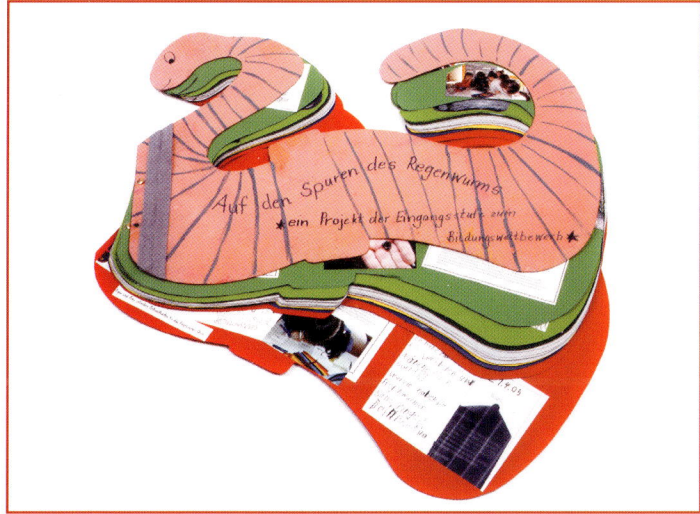

Malen mit Erde, Sand und Ton

Natürlicher Erdboden wird in den asphaltierten Großstädten kaum mehr wahrgenommen. Das wollten wir mit unserem Teilprojekt in Anlehnung an Joseph Beuys und andere Künstler ändern. Schon Pablo Picasso, Max Ernst und Jackson Pollock hatten Sand genutzt, um die Körperlichkeit von Motiven zu betonen oder Bilder mit Erdmaterial zu gestalten. Dies sollte die Kinder zu eigenen Ideen inspirieren. Es ging uns darum, dass die Schüler lernen, Bilder zu entdecken und in eigenen Versuchen ähnliche gestalterische Mittel für ihre Bildsprache anzuwenden. Dies sollte nicht nur ihre ästhetische Erlebnisfähigkeit, sondern auch ihren Umgang mit Naturmaterial fördern.

Ziel der Unterrichts-Einheit war es, das Element Erde in seiner Beschaffenheit und Stofflichkeit in den Mittelpunkt des Kunstunterrichtes zu rücken und es als ein besonderes Material für die Bildgestaltung zu präsentieren. Naturmaterialien wie Sand, Erde und Ton sind Elementarstoffe, die in Schichten vorkommen und unterschiedliche Oberflächen aufweisen. Die Erdschichten sollten zum Experimentierfeld für die Schüler werden, damit sie erkennen: Die verschiedenen körnigen Elemente erzeugen, vermengt mit einem Bindemittel, besondere Oberflächen.

Mit Pinseln und Spachteln wurden die Materialien auf festes Papier aufgetragen und aneinandergesetzt, so dass die unterschiedlichen Oberflächen und Erdschichten gut zu erkennen waren. Durch Ritzungen in den präparierten Untergrund stellten die Kinder Regenwurmspuren dar und ergänzten sie mit Regenwürmern, die sie mittels Pappdruck herstellten.

Checklistenziel:
„Ich kann ein Bild mit Sand, Erde und Ton malen."

Level 1: *„Ich kann ein Bild mit Sand, Erde und Ton herstellen und mit Regenwürmern gestalten."*

Level 2: *„Ich kann ein Bild mit Sand, Erde und Ton herstellen und meinen Mitschülern die angewandten Verfahren erklären."*

Kriterien:

➤ *Die verschiedenen Erdschichten müssen sichtbar sein.*
➤ *Die eingeritzten Regenwurmgänge müssen sichtbar sein.*
➤ *Die Regenwürmer aus Pappdruck müssen zu erkennen sein.*

Bei diesem Thema bearbeiteten wir einige **Checklistenziele zusätzlich**, die im Kunstunterricht immer wieder eine Rolle spielen. Z.B.:

▶ **„Ich kann mit der Schere sauber ausschneiden." (Herstellung des Pappdrucks und Ausschneiden des Bildträgers)**
▶ **„Ich kenne verschiedene Materialien zur Bildgestaltung und kann sie anwenden." (Erde, Sand, Ton, Kohle, Kreide)**
▶ **„Ich kenne einfache Stempel- und Materialdruckverfahren und kann sie anwenden." (Pappdruckverfahren)**
▶ **„Ich kann eine Collage herstellen."**
▶ **„Ich kenne die Kunstwerke eines Künstlers."**

Die **Teilschritte** hielten wir auf einem Blatt an der Staffelei fest, damit sie für alle sichtbar waren. Die **Kriterien** besprachen wir mündlich und wiederholten sie während des Arbeitsprozesses ab und an.

Gemeinsam verteilten die Kinder die Elemente auf einer glatten Fläche, um ihre Struktur, Farbe und Körnung vergleichen zu können. Sie versuchten, in Sandschichten zu zeichnen, und erkundeten, wie man Flächen strukturieren kann. Um die unterschiedlichen Strukturen gezielt einsetzen zu können, erhielten die Kinder in einer Erprobungsphase die Möglichkeit, die Wirkungen spielerisch auszuprobieren. Danach überlegten sie in der Gruppe, wie sie ihre eigenen Bilder mit den verschiedenen Elementen gestalten könnten. Bekannt waren ihnen Klebebilder, die man herstellt, indem man ein körniges Element wie Sand auf eine Spur flüssigen Klebstoffes streut. Nach diesem Vorbild setzten sie ihre Vorhaben in die Tat um.

Mit Tapetenkleister und Wasser vermengten sie Erde und Sand als grundlegende künstlerische Gestaltungsmittel, sodass eine streichbare Masse entstand. Danach trugen sie die körnigen Materialien mit Borstenpinseln und Spachteln auf das Papier auf. Manche gestalteten ihre Bodenformationen in horizontaler Ausbreitung, andere versuchten, einen geringen Ausschnitt darzustellen, in dem die Bodenschichten sich miteinander vermengen.

Es war faszinierend, zu sehen, wie durch gestalterische Ritzungen auf dem Papier allmählich Regenwurmgänge sichtbar wurden. Mit kleinen Holzstücken ließen sich die Gänge leicht aus den noch feuchten Erdschichten herausarbeiten. Diesen Vorgang mussten sie mit Druck ausführen, um den Kontrast zwischen Erde, Sand, Ton und freigeschabtem Grund zu betonen.

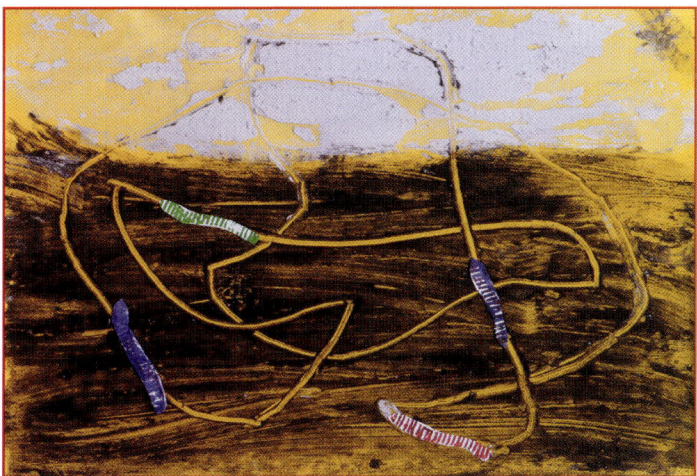

Am Ende der ersten Doppelstunde hatten viele Schüler das Teilziel erreicht. Sie hatten einen Bildgrund mit Ritzungen gestaltet. In der Auswertungsrunde stellten sie ihre Kunstwerke vor, und wir sprachen darüber, an welchen Teilzielen die Schüler in der nächsten Kunststunde weiterarbeiten werden. Dabei einigten wir uns darauf, Regenwürmer zu zeichnen und sie nach dem Pappdruck in die Bilder einzufügen.

Ein Bild aus Sand und Erde von Paula Emily: Regenwürmer in ihren unterirdischen Gängen

Bodenbilder

Über die **Beschaffenheit eines Bodens** gibt nicht nur seine Zusammensetzung Aufschluss, sondern auch, was auf ihm zu finden ist. Fallen Gegenstände wie geknickte Äste, Blätter oder Papierschnipsel auf die Erde, hinterlassen sie ihre Spuren. Bei der Auseinandersetzung mit diesen Dingen sollten die Kinder in einer weiteren Kunststunde ihre Wahrnehmung schulen und sich gestalterisch mit ihnen beschäftigen. Äste, Blätter oder Papierschnipsel fanden sich in vielen kleinen Ausschnitten des Bodens wieder.

Beim Zeichnen kam es vor allem auf das proportionale Verhältnis der Dinge und auf ihre Farbwerte an. Zur Umsetzung erhielten die Schüler verschiedene Materialien: Mit Hilfe von **Passepartoutrahmen** sollten interessante Ausschnitte des Erdbodens mit unterschiedlichen Materialien abgezeichnet werden, um die vielen flüchtigen Elemente in der vorgefundenen Form zu fixieren.

Der Passepartoutrahmen markiert den Erdboden-Ausschnitt, der später abgezeichnet werden soll

Zu Beginn der Stunde stellten wir den Schülern das **Ziel** vor: „Ich kann ein Bodenbild gestalten." Gemeinsam überlegten wir, was man sich darunter vorstellen und in welchen Schritten man vorgehen könnte. Bei einem Entdeckungsrundgang sammelten wir interessante Ausschnitte des Bodens. Nach genauer Betrachtung eines Bodenareals durch den Passepartoutrahmen suchte sich jeder Schüler einen Bereich aus, den er abzeichnete. Einige Schüler wählten Ausschnitte mit sandigem Untergrund, andere entdeckten interessante Anordnungen von Steinen und Schneckenhäusern oder Übergänge von Erdboden zu Steinpflaster. Mit Bleistift und Pastellkreide versuchten sie, die Dinge in ihrer Oberflächenstruktur, Proportionalität und in ihren Farbwerten wiederzugeben. Anschließend konnten sie im Atelier mit Tusche und Zeichenkohle grafisch wichtige Linien hervorheben. In Kombination mit den Fotoausschnitten des Bodens dokumentierten sie ihr Vorgehen.

Linolschnitte

Drucken ist eine sehr vielfältige künstlerische Technik. Die Schüler hatten bereits Erfahrungen im Kork-, Papp- und Materialdruck gesammelt und besaßen Kenntnisse in der Frottage und der Monotypie. Der Linolschnitt war ihnen noch unbekannt. Nachdem sich die Schüler die Geschichte einer Reise des Regenwurms Kurt angehört hatten, entwarfen sie Skizzen, auf denen sie Kurts Reise und seine Erlebnisse darstellten. Diese Illustrationen dienten als Vorlagen für die Umsetzung auf Linoleum, denn die

Kinder sollten eine neue Technik kennen lernen und ausprobieren. Zunächst erkundeten die Schüler das Material und stellten Vermutungen an, wie ihnen diese Technik gelingen könnte. Schließlich besprachen wir die Vorgehensweise und die Teilschritte. Zunächst entwarfen die Kinder eine Skizze zur „Wundersamen Reise von Kurt, dem Regenwurm", die anschließend auf das Linoleum übertragen wurde. Die fertigen Linolschnitte sollten sie selbstständig drucken.

Arbeitsergebnis von Matheo:
Der Regenwurm als Motiv beim Linolschnitt

Nachdem sich die Schüler für eine bestimmte Größe ihres Linoleums entschieden hatten, wurden die Skizzen angefertigt. Dabei mussten sie darauf achten, ihre Motive Platz füllend zu gestalten. Die Zeichnungen wurden nun auf das Linoleum übertragen, und die ersten Schüler begannen, das Linoleum zu bearbeiten. Weil das gar nicht so einfach war und einige Schwierigkeiten zu überwinden waren, gaben die Kinder einander Tipps zum Druckprozess. Wir stellten von noch nicht fertigen Arbeiten Probedrucke her, um die Negativarbeitsweise und die weiteren Arbeitsfortschritte zu dokumentieren.

Zum Schluss wurden die Flächen mit Farbe eingewalzt und auf ein darübergelegtes Papier angedrückt. Die Schüler hatten eine Vielzahl von Druckfarben zur Verfügung, um ihre Linolschnitte ein- oder mehrfarbig abzudrucken. Beim Druckprozess, der nur bedingt kontrollierbar ist und dadurch immer wieder für Überraschungen sorgt, waren die Schüler sehr experimentierfreudig. An der Druckstation stand jeweils ein Schüler, der die anderen bei ihren Arbeiten unterstützte. Der Austausch von Lernerfahrungen ermöglichte es ihnen, ihre Lernerfolge oder Schwierigkeiten zu erkennen, und unterstützte solidarisches Gruppenverhalten.

> **Checklistenziel:**
> *„Ich kenne einfache Stempel- und Materialdruckverfahren und kann sie anwenden."*
>
> **Level 1:** *„Ich kann einen Linolschnitt anfertigen und einfarbig oder mehrfarbig abdrucken."*
>
> **Level 2:** *„Ich kann die Technik des Linolschnitts anhand meiner Arbeit erklären."*
>
> **Level 3:** *„Ich erläutere den Unterschied der Vorgehensweise beim einfarbigen und beim mehrfarbigen Abdrucken."*

Im Anschluss daran besprachen wir die **Kriterien** und **Teilziele**. Die Kriterien für eine hochwertige Linolschnittarbeit zu erfüllen, setzte das Verständnis der Technik des Hochdrucks voraus. Diese Technik mussten die Schüler verstanden haben, um selbstständig einen Druckstock anzufertigen und ihn auf einen Druckträger aufzubringen. Den Schülern standen verschiedene Linoleumgrößen zur Verfügung. Bei der Auswahl mussten sie die Größe ihrer Skizzen beachten.

Nachdem die Schüler ihre Kunstwerke fertig gestellt hatten, trafen wir uns zum **Auswertungsgespräch**. Anhand der ausgemalten Felder auf ihren Teilziellisten sollten die Kinder selbst einschätzen, ob sie das Hauptziel entsprechend den vereinbarten Qualitätskriterien erreicht hatten.

Das Regenwurm-Labyrinth

Die Faszination, die von verzweigten Labyrinthen ausgeht, spielte auch in Verbindung mit dem Checklistenziel **„Ich kann etwas selbstausgedachtes bauen"** eine Rolle. Die Schüler lernten, Objekte zu planen, herzustellen und zu gestalten. Dabei konnten sie sich spielerisch und experimentell ausprobieren, eigene Lösungen und Kombinationen finden. Dies war nicht nur der Feinmotorik zuträglich, sondern förderte auch die räumliche Vorstellung und den Umgang mit verschiedenen Materialien. Für den Bau eines freien Objektes stand den Kindern eine Vielzahl von Materialien im Atelier zur Verfügung, darunter Ton, Pappe, Draht und Gips. Als ein Gemeinschaftsprojekt wollten wir ein Regenwurm-Labyrinth aus Pappkisten bauen, so groß, dass sich die Schüler durch die Gänge bewegen können. Doch zuerst waren die Regenwürmer dran. Einige Schüler nutzten Ton, um ihre Tiere zu gestalten. Arbeiten mit Ton als Möglichkeit des plastischen Gestaltens kam den sinnlich-taktilen Bedürfnissen der Zweitklässler entgegen. Andere Kinder versuchten, mit Draht Würmer zu formen. Matilda entwarf einen Schulterwurm aus Draht, ein Objekt, das senkrecht auf der Schulter getragen werden konnte.

Das Regenwurm-Labyrinth erforderte von den Schülern planvolles Vorgehen. Nach ersten Schneide-Versuchen wurde ersichtlich, dass die Gänge nicht wahllos angelegt werden können. Also tauschten die Schüler sich aus und suchten gemeinsam nach Lösungswegen. Dabei mussten sie intensiv verhandeln. Teamarbeit erfordert gemeinsames Planen und Besprechen: Den Schülern wurde schnell klar, dass das Regenwurm-Labyrinth nur gemeinsam gebaut werden kann. Alle mussten sich auf der Basis ihres Könnens einbringen.

Das selbstgebaute Regenwurm-Labyrinth

Hier zeigt Matilda ihren Schulterwurm aus Draht

Große Farbrollen eigneten sich zum Anmalen und Gestalten der Kisten und kamen den motorischen Fähigkeiten der Schüler entgegen. Stück für Stück brachten sie die fertigen Kisten ins Souterrain. Dort reihten sie sie zu einem Gang auf und befestigten sie mit Draht. So entstand die „Galerie unter der Erde". Im Regenwurm-Labyrinth konnten die Schüler verschiedene Gänge erforschen und sich in dem verdunkelten Raum wie Würmer fortbewegen. Davon war die ganze Schule so begeistert, dass sich eine lange Schlange im Souterrain bildete: Alle wollten durch das Labyrinth kriechen.

Die Regenwurm-Lampe

Angeregt durch die Begeisterung für das Regenwurm-Labyrinth, setzten sich die Schüler mit Künstlern auseinander, die Objekte und Skulpturen gestalten. Dabei faszinierten sie die Arbeiten der Künstlerin **Niki de Saint Phalle**, einer Malerin und Bildhauerin, zu deren bekanntesten Werken u.a. die „Nanas" in Hannover gehören.

Die Schüler fühlten sich von den farbigen Skulpturen angesprochen und wollten eigene Werke mit den von Niki de Saint Phalle verwendeten Materialien bauen. Im Rahmen unseres Projekts „Auf den Spuren des Regenwurms" sollte deshalb ein riesiger Regenwurm gebaut werden. Beim Betrachten der Skulpturen von Niki de Saint Phalle fielen den Schülern die **Lichteffekte** auf. Das brachte sie auf die Idee, eine **Regenwurm-Lampe** zu bauen. Gemeinsam überlegten wir, wie so eine Lampe aussehen könnte: Das Grundgerüst der Papierplastik sollte aus Maschendraht bestehen, auf den verschiedene Schichten von Pappmaschee aufgetragen werden könnten. Die Kinder fertigten Skizzen an, wie die Skulptur aussehen könnte. Ihrer Größe wegen mussten die Schüler zwei Einzelteile aus Maschendraht herstellen, die verbunden und mit Papier und Tapetenkleister ausgeformt wurden. Nachdem die beiden abstrakten Einzelteile zusammengefügt waren, nahm die Regenwurm-Lampe Gestalt an und inspirierte die Schüler zu weiteren Ideen. Die klebrige Erfahrung mit dem Kleister ging bald in genussvolles Modellieren über. Dabei agierten die Schüler mit dem ganzen Körper und bearbeiteten die Skulptur von allen Seiten.

Endlich war die Regenwurm-Lampe von einer weißen Papierschicht überzogen, wirkte aber noch etwas unfertig. Die Schüler ließen sich von den lebendigen Farben und den weichen, geschwungenen Formen der Arbeiten von Niki de Saint Phalle anregen und ihre Fantasie spielen. Sie brachten bunte Kreise, Formen und Blüten auf die Regenwurm-Lampe auf. Mit Goldfarbe wurden schließlich die letzten Akzente gesetzt.

Der Bau der **Regenwurm-Lampe** erforderte Teamarbeit, die von Diskussionen um Form- und Gestaltungsideen geprägt war. Zeichnungen, Objekte und die Skulptur präsentierten wir mit den Unterrichtsinhalten der anderen Fächer in der „Galerie unter der Erde".

Regenwurm-Geschichten im Fach Deutsch

Die fächerübergreifende Arbeit im Regenwurm-Projekt bot gute Schreibanlässe für das Fach Deutsch, denn wenn es um Naturphänomene oder Tiere geht, sind Kinder gern bereit, ihre Erlebnisse, Erfahrungen und Gedanken aufzuschreiben. Die Verknüpfung von Sachthemen mit dem Fach Deutsch bietet sich daher an. Zentrales Thema im Deutschunterricht der Eingangsstufe bleibt der Schriftspracherwerb. Das Grobziel des Regenwurm-Projekts war daher die vertiefende Erfahrung mit Schriftsprache. Das **Lernszenario** wurde folgendermaßen aufgebaut:

1) Briefe an Willi

In der täglichen Beobachtungszeit verfolgten die Kinder die Entwicklungen im Regenwurmglas im Garten und tauschten sich darüber aus. Ihre Beobachtungen hielten sie malend und schreibend in einem Regenwurm-Heft fest, das jeder Schüler anlegte. Während des Austauschs sammelten sie **Fragen**, die sie in Briefen an die Regenwurm-Handpuppe Willi formulierten.

Die Briefumschläge gestalteten sie selbst und warteten gespannt, was Willi zu sagen hatte. Willis Antworten boten einen guten Leseanlass. Begeistert studierten sie die Antwortbriefe und gestalteten aus Fragen und Antworten Karten für ein Regenwurm-Quiz, das wir im Morgen- und Abschlusskreis gemeinsam spielten. Auf diese Weise wurden die Kinder nach und nach zu Experten und konnten ihr Wissen über Regenwürmer an andere Schüler weitergeben.

2) Eine Regenwurm-Geschichte schreiben

Mittlerweile hatten die Kinder reichlich Fachwissen über den Regenwurm gesammelt. Nun konnte das Schreiben der Regenwurm-Geschichten beginnen. Die Idee: Mit Hilfe von kleinen Fotomontagen verwandeln sich die Kinder in Regenwürmer und erleben ein Abenteuer. Der Einstieg: eine **Fantasiereise**, die die Identifikation mit dem Regenwurm anregen sollte (vgl. S. 107). Einige Kinder orientierten sich beim Schreiben am Verlauf der Fantasiereise. Als Schreibwerkzeug diente ihnen zum ersten Mal der **Computer**. Je weniger geübt die Kinder im Schreiben sind, desto besser unterstützt sie der Computer, denn er bietet folgende Vorteile: Während des Schreibens haben die Kinder die Buchstaben komplett vor sich. Außerdem entspricht die Maschinenschrift der Druckschrift, mit der wir im Anfangsunterricht beginnen. Mit der Löschtaste, die wir „Radiergummitaste" nennen, können Wörter und Texte leicht korrigiert und verändert werden. Der Text ist formbar, die Kinder können ihn bearbeiten und verändern, bis er ihren Ansprüchen genügt – und zwar, ohne ihn komplett neu abschreiben zu müssen. Die Leichtigkeit der Korrektur und die gute Lesbarkeit des Textes animieren die Kinder dazu, ihre Texte auch zu lesen.

Wir haben die Beobachtung gemacht, dass Kinder gern gemeinsam an einem Text arbeiten und verschiedene Lösungen ausprobieren. Dabei üben sie spielerisch Rechtschreibung, Textgestaltung und setzen sich mit inhaltlichen Fragen auseinander. Häufig entstehen lebhafte Diskussionen über die Schreibung von Wörtern oder die inhaltliche Ausgestaltung von Texten.

Die Textproduktion gestaltete sich individuell: Einige Schüler schrieben direkt in den Computer, andere wollten das Schreibwerkzeug nicht benutzen. Dritte schrieben ihren Text erst vor, korrigierten ihn mit uns und schrieben ihn danach am Computer ab. Natürlich sind solche Texte nicht fehlerfrei. Kinder brauchen Raum, um ihre Kreativität zu entfalten, und müssen zugleich lernen, ihre Schreibweise allmählich an die gängigen Konventionen zu binden. Der Computer als Schreibwerkzeug bietet einen guten Anlass, um über solche Konventionen ins Gespräch zu kommen, denn er markiert alle falsch geschriebenen Wörter, mögen sie auch noch so konsequent der alphabetischen Strategie entsprechen. Mit den Markierungen gingen die Kinder unterschiedlich um: Einige fragten nach, anderen fielen sie nicht weiter auf. Mit einzelnen Kindern korrigierten wir die Texte gemeinsam und zeigten ihnen, wie die Großschreibung am Computer funktioniert.

In der 2. Klasse wird die orthografische Strategie einen weitaus größeren Raum einnehmen als in Klasse 1. Dann gehen wir dazu über, nur noch rechtschreiblich korrekte Texte der Kinder zu veröffentlichen.

Die Fantasiereise

„Leg deinen Kopf auf den Tisch. Wenn du möchtest, dann schließe deine Augen. Mach es dir bequem. Deine Arme und Beine entspannen sich. Du atmest ruhig ein und wieder aus …

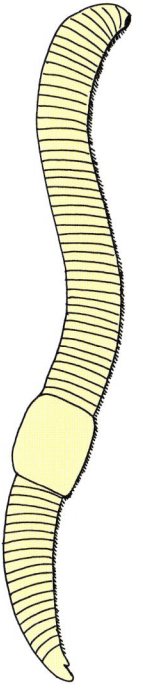

Du stehst auf und verlässt das Schulhaus. Es ist ein warmer Tag. Du kommst an eine große, grüne Wiese. Du ziehst die Schuhe aus. Du läufst barfuß über die Wiese. Sie ist noch feucht von der Nacht. Du fühlst den Tau angenehm frisch unter deinen Füßen.

Du kniest dich hin und beobachtest kleine Tiere auf der Wiese. Da ist ein Regenwurm. Du schaust ihm zu, wie er die Wiese entlangkriecht. Stell dir vor, dass du der Regenwurm bist. Du kriechst auf der Erde entlang, streckst langsam einen Teil deines Körpers vor und ziehst den hinteren Teil nach. Du kommst nur langsam voran.

Über der Erde ist es dir zu warm und zu hell. Du findest mit dem Kopf den Eingang einer Röhre. Du kriechst unter der Erde die Röhre entlang. Du fühlst die angenehme Kühle und Dunkelheit der Erde. Plötzlich spürst du, wie die Erde vibriert. Regen fällt. Du kriechst eine Röhre hinauf und steckst deinen Kopf aus der Erde. Langsam krabbelst du an die Oberfläche.

Du schlüpfst aus dem Regenwurm hinaus.

Der Regen hört auf, und du schaust zu, wie der Regenwurm wieder im Erdreich verschwindet. Dann gehst du zurück über die Wiese, ziehst deine Schuhe an und machst dich auf den Weg hierher ins Schulhaus. Du bewegst deine Finger und Zehen, dehnst und streckst dich, öffnest deine Augen.

Du fühlst dich so erfrischt, als seiest du gerade aufgewacht."

3) Gedichte und Geschichten

In einer weiteren Stunde lernten und illustrierten die Kinder das Gedicht „Unterm Rasen" von Josef Guggenmos.

Der **erste Schritt**: das Gedicht lesen oder beim Vorlesen zuhören. Da es sprachlich und vom Satzbau her komplex ist und der Inhalt sich nicht jedem Kind gleich erschließt, ist es eine freiwillige Aufgabe, das Gedicht auswendig zu lernen. Dennoch haben wir das Vortragen eines Gedichtes als Checklistenziel formuliert. Diejenigen Kinder, die das Regenwurm-Gedicht lernen möchten, erfüllen das Ziel somit bereits.

Die Eltern der Schüler erhielten Tipps, wie sie ihre Kinder beim Lernen des Gedichts unterstützen können. So konnten die Schüler auch zu Hause probieren, das Gedicht im kleinen Kreis vorzutragen.

Der **zweite Schritt**: den Sinn des Gedichts erfassen. Das beinhaltet die Klärung unbekannter Wörter. Das Gedicht wird daraufhin sinngemäß wiedergegeben und illustriert.

Unterm Rasen

Es laufen die Kinder
und raufen und spielen,
und unter ihnen im Erdreich wühlen
die Würmer, die vielen.

Doch was sie da unten
im Dunkel, im Kühlen,
die Würmer, die vielen,
beim Wühlen fühlen –
keine Sprache beschreibt es.
Es ist ein Geheimnis und bleibt es.

Josef Guggenmos

aus: Josef Guggenmos: Oh, Verzeihung, sagte die Ameise. Ein Kinderbuch. Beltz & Gelberg 1990.
ISBN 3-407-80048-7

In der Vorklasse nutzen die Kinder jede Gelegenheit, um Geschichten zu erzählen und, wenn es ihnen schon möglich ist, Geschichten zu schreiben.

Die Begeisterung für den Regenwurm gab den Anlass, auch im Deutschunterricht über das Thema zu reden. Ein kleiner **Sechszeiler**, den wir im Internet fanden, regte zum Nachdenken und Erzählen an:

Ohne Rückgrat

Würmer können sich teilen
Dann hierhin und dorthin eilen
Sind vorne und hinten gleich
Außen und innen weich
Haben keinen Rücken
Müssen sich nie bücken

Fred Lang

© www.fred-lang.de

Die Kinder erzählten, was sie über das Leben des Regenwurms erfahren hatten: „Er lebt unter der Erde." „Er baut dort Gänge." „Er lockert die Erde auf. So bekommen die Pflanzen besser Wasser." Eine Schülerin erklärte: „Manchmal kommt er an die Oberfläche, um Nahrung zu suchen."

Um das **Thema** mit den Kindern zu **vertiefen**, suchten wir eine Geschichte mit einem offenen Ende heraus und gaben ihnen die Aufgabe, die Geschichte weiterzuerzählen: „Kann sich der Regenwurm retten oder nicht?" Zunächst besprachen wir das **Ziel** und die **Kriterien**, bevor sie daran gingen, die Geschichte zu beenden. Zuerst malten sie auf, wie die Geschichte weitergehen könnte. Kinder, die an Buchstaben und Schrift interessiert sind, wollen das Wort „Regenwurm" schreiben oder andere Wörter, die in ihren Geschichten vorkommen. Sie baten, ihnen diese Wörter vorzuschreiben, so dass sie sie abschreiben konnten. Andere Kinder, denen so viele Ideen im Kopf herumschwirrten, dass sie es nicht aufschreiben wollten oder konnten, diktierten uns ihre Geschichten.

Kinder, die sich die Wörter durch Buchstabieren herleiten konnten, schrieben selbst. Jedes Kind setzte sich entsprechend seiner Fähigkeiten mit dem Thema auseinander und wandte erworbenes Wissen an.

Checklistenziele:

1) *„Ich kann zuhören, während eine Geschichte erzählt wird."*

2) *„Ich kann mir ein Ende für die Geschichte ausdenken und es darstellen."*

Level 1: *„Ich fertige eine Zeichnung an und stelle mein Ende der Geschichte im Kreis vor."*

Level 2: *„Ich kann drei Wörter, die in der Geschichte vorkommen, in meine Zeichnung schreiben."*

Passen Geschichten der Kinder überhaupt zum Bildungswettbewerb „Kinder zeigen Kunst"? Kunst entsteht nicht nur beim Malen und Zeichnen, sondern auch, wenn ein

Kind mittels erworbenen Wissens darstellt, was es bewegt und beschäftigt. Unsere Vorschulkinder sind wie alle Kinder sehr wissensdurstig. Sie interessieren sich für Buchstaben, wollen selbst schreiben und stecken voller Ideen und Geschichten. Im Regenwurm-Projekt hatten sie die Chance, ihre Ideen und ihr Wissen umzusetzen. Kreativ und fantasievoll arbeiteten sie an ihren Regenwurm-Geschichten, und deshalb sind diese Geschichten auch ein Beitrag zum Wettbewerb „Kinder zeigen Kunst."

Arbeitsergebnis von Pawel: Eine Regenwurm-Geschichte

Regenwurm-Geschichten im Fach Sachkunde

Der Bildungswettbewerb rückte näher. Auf einer Monatsplanungssitzung hatten wir uns im Lehrerteam auf das Regenwurm-Projekt geeinigt, und das Thema ließ sich in Sachkunde gut mit der Unterrichtseinheit zu den vier Elementen verbinden. Drei Elemente hatten wir schon behandelt, das **Erdelement** fehlte noch – der Lebensraum der Regenwürmer. Die Schüler machten den

Vorschlag, den Schulgarten zu beleben, um ihn öfter zu nutzen, und beim Umgraben stießen sie auf – Regenwürmer. Sogleich waren die Kinder fasziniert von den kleinen Geschöpfen, die sie in der Erde, auf der Erde und unter jedem Stein fanden. Wir besorgten uns aus dem Fachraum Lupen und Becherlupen. Die Beete, die wir anlegen wollten, waren erst einmal vergessen.

In den nächsten Wochen verbrachten wir etwa die Hälfte der Zeit im Garten und die andere Hälfte im Fachraum, in dem wir uns mit dem Bau eines Regenwurm-Kastens beschäftigten und dabei den Einstieg in das Thema vorbereiteten. Wir wollten Spuren der Regenwürmer sichtbar machen, die sie bei ihren Wanderungen unter der Erde hinterließen.

Zuerst waren die Kinder verblüfft, denn sie konnten sich nicht vorstellen, wie sie die Regenwürmer unter der Erde beobachten sollten. Immer wieder schauten sie vorsichtig unter das Handtuch, das den Kasten bedeckte, in dem die Gänge der Regenwürmer nach und nach sichtbar wurden.

Die erste Frage, die uns beschäftigte, lautete: **Wie sieht ein Regenwurm eigentlich ganz genau aus?** Ziel war es also zunächst, ein besonders schönes Exemplar zu finden, um es eingehend betrachten zu können.

Der Untersuchungsgegenstand: Ein Regenwurm aus dem Schulgarten

Die Kinder teilten sich in fünf Gruppen, sammelten Regenwürmer und brachten die Tiere in Marmeladengläsern mit Steinen, Erde und Pflanzenresten unter, um sie für ihre Untersuchungen herausnehmen zu können. So hatte jede Gruppe ihre eigenen Regenwürmer stets zur Verfügung.

Checklistenziel:

„Ich kann anhand eines Exemplars erklären, wie der Regenwurm aufgebaut ist."

Kriterien:

➤ *Ich beobachte einen Regenwurm unter der Lupe und auf dem Leuchttisch.*
➤ *Ich vergleiche ihn mit einer beschrifteten Abbildung.*
➤ *Ich benenne die Körperteile, aus denen der Regenwurm besteht.*

Wie bewegt sich ein Regenwurm fort?

Diese Frage beschäftigte die Schüler, als sie sich mit den Lupen und an den Leuchttischen beschäftigten. Um sie zu beantworten, machten wir Versuche mit den Regenwürmern – natürlich nur solche, die ihnen nicht schadeten:

Die Schüler beobachteten die Regenwürmer zunächst in offenen Schälchen. Dann setzten sie sie auf unterschiedliche Flächen und beobachteten ihre Fortbewegung. Auf Glas konnten sich die Regenwürmer nur schlecht fortbewegen, auf dem Tisch klappte es etwas besser. Besonders gut voran kamen sie auf Kaffeefiltertüten. Auf diesen Tüten kriechend, bewältigten sie sogar schiefe Ebenen. Nach der Beobachtung der Würmer formulierten wir gemeinsam **drei Merksätze**, die alle Schüler während ihrer Versuche bestätigt fanden:

1) Wenn der Regenwurm kriecht, bewegt er abwechselnd die Längsmuskeln und die Ringmuskeln.
2) Mit den Ringmuskeln kann er sich dünn und lang machen.
3) An seiner Unterseite hat der Regenwurm ganz feine Borsten.

In einer Art Puzzle sortierten die Schüler die Wörter in die richtige Reihenfolge und schrieben die Merksätze als Laufdiktat in ihr Regenwurm-Forscherbuch.

Das
Portfolio-Konzept in der Grundschule

„Was frisst eigentlich der Regenwurm?"
fragte Lisa, die befürchtete, dass die Würmer
im Kasten womöglich verhungern müssten.
Nachdem die Schüler Passagen aus dem Buch
„Regenwürmer. Leben und Arbeit in der Finsternis" gehört hatten, fertigten sie Zeichnungen an, und Max erklärte: „Die Regenwürmer
fressen Pflanzenreste. Deshalb haben wir
doch Blattreste mit in den Kasten getan."

Gemeinsam sprachen wir darüber, was und
wie Regenwürmer **Nahrung** zu sich nehmen.
Danach sollten die Kinder sich ihre Zeichnungen noch einmal genau anschauen. Viele
hatten aufgemalt, wie ein Regenwurm abge-
storbene Pflanzenreste ansaugt und in seine
Röhre zieht. Sind die Blätter frisch und deshalb zu hart, schleimt er sie mit einem Sekret
ein und lässt sie noch ein paar Tage liegen.
„Abbeißen kann er nicht, weil er keine Zähne
hat", sagte Paul. Je verrotteter der Pflanzen-
brei ist, desto köstlicher ist er für den Regenwurm. Und wenn ein Wurm mal keine Blätter
findet, weidet er den Bakterien- und Algen-
rasen rund um seine Wohnröhre ab.

In dem Buch „Regenwurm-Werkstatt" fanden wir Anregungen, wie man den **Sinnen
des Regenwurms** auf die Spur kommen kann.
Weil die Kinder es ganz genau wissen wollten,
gingen wir in kleinen Versuchen der Frage
nach. Die Ergebnisse hielten die Schüler in
Form von Feststellungen in ihrem Regenwurm-Forscherbuch oder auf Skizzen fest.

Zeichnerisch setzten sich die Schüler auch
mit der Frage auseinander, **welche Feinde
der Regenwurm hat**. Auf Bildern hielten sie
diejenigen Tiere oder Dinge fest, die dem
Wurm gefährlich werden können. Weil er
sich gegen natürliche Feinde nicht zur Wehr
setzen kann, findet er Schutz unter der Erde.

Checklistenziele:

1) *„Ich kann drei Feinde des Regenwurms benennen."*
2) *„Ich kann erklären, auf welche
   Weise sie dem Regenwurm gefährlich werden können."*

In einer weiteren Stunde beschäftigten wir
uns mit der **Vermehrung des Regenwurms**.
Für die Schüler war es nicht leicht, zu verstehen, dass Regenwürmer Zwitter sind, also
Männchen und Weibchen zugleich. Trotzdem müssen sich immer zwei Regenwürmer
zur Paarung zusammenfinden. Sie legen sich
in entgegengesetzter Richtung dicht an ihren
Gürteln zusammen, schleimen sich ein, tau-
schen den Samen aus und speichern ihn in
ihren Samentaschen. Danach lösen sich die
Regenwürmer, und jeder kriecht seines Weges.
Ziel der Stunde war es, sich in Gruppen mit
der Frage auseinanderzusetzen und die Ergebnisse anschließend vorzustellen. Einige
Kinder fertigten Zeichnungen an, die dokumentierten, was sie über den Regenwurm
erfahren hatten. Andere suchten in unseren
Gefäßen nach Regenwürmern, bei denen
der Gürtelbereich deutlich zu erkennen war,
und erklärten anhand der lebendigen Exem-
plare, wie die Regenwürmer sich vermehren.
Auch aus anderen Fächern brachten die
Schüler Ideen und neue Erkenntnisse mit,
denn die Kollegen behandelten das Thema
„Regenwurm" ebenfalls.
Zwischendurch fanden kleine **Prüfungen**
statt, in denen die Kinder zeigen konnten,
was sie über den Regenwurm gelernt hatten. Wichtig war, dass sie mit ihrem Wissen
umgehen und es anwenden konnten.

Regenwurm-Geschichten im Fach Englisch

Auch im Englischunterricht hinterließ der Regenwurm seine Spuren. Natürlich wollten die Kinder wissen, wie der Regenwurm auf Englisch heißt. In diesem Zusammenhang bot sich die Geschichte von **„Eddie the earthworm"** an.

In dieser Geschichte wird erzählt, dass Eddie traurig ist, weil er nicht wie die Kuh Milch geben, wie eine Henne Eier legen und wie eine Biene Honig machen kann. Er fühlt sich nutzlos. Doch ein kluges Mädchen erklärt ihm, dass er der „König des Gartens" sei und Bäume, Blumen und Gemüse ihn dringend brauchen. Im Englischunterricht besuchte Eddie die Kinder

Eddie der Regenwurm als selbstgemachte Handpuppe beim Rollenspiel

und erzählte seine Geschichte. Doch Eddie sprach nur Englisch. Er entschuldigte sich dafür, dass die Kinder vielleicht nicht gleich jedes Wort verstehen, hoffte aber, dass sie die Geschichte trotzdem mitkriegen. Damit nahm er den Kindern die Angst vor unbekannten Wörtern. Eddie erzählte seine Geschichte mit Hilfe von **Stabpuppen**. Die Kinder waren voller Mitgefühl für Eddie und staunten, dass sie schon eine ganze Geschichte auf Englisch verstanden.

> **Checklistenziel:**
> *„Ich kann einer englischen Geschichte zuhören, auch wenn ich nicht gleich jedes Wort verstehe."*

Anschließend erzählten die Kinder die Geschichte auf Deutsch nach, und wir sprachen darüber, warum Eddie als „King of the garden" bezeichnet wird. Geschickt brachten einige ihr Wissen aus anderen Fächern mit ein.

Wir spielten die **Geschichte mit verteilten Rollen** und mit den Stabpuppen nach. Da viele Charaktere in der Geschichte auftauchen, konnten alle Kinder mitspielen, die dies wollten. Während sie die Geschichte nachspielten, half ihnen die Lehrerin als Souffleuse. Durch ihre Rollen geschützt, wagten die Schüler es, auch schwierige Wörter und Sätze auf Englisch auszusprechen. Selbst Kinder, die sonst eher zurückhaltend auftraten, trauten sich, vor der Gruppe zu sprechen.

> **Checklistenziel:**
> *„Ich kann eine Figur aus der Geschichte ‚Eddie the earthworm' darstellen und meine Rolle auf Englisch spielen."*

Bei anderen Kindern hinterließ Eddie auch bleibende Spuren. In einer Gruppenarbeit stellten die Schüler jeweils ein **Buch über Eddie** her. So konnten sie sich die Geschichte auch später ansehen und sie im kommenden Jahr vielleicht schon auf Englisch lesen.

Das **übergeordnete Ziel** dieser und jeder anderen Stunde im Bereich Frühenglisch ist nicht vorrangig das Erlernen neuer Vokabeln, sondern die Kinder sollen sich gegenüber der englischen Sprache öffnen, auf spielerische Weise einen Zugang dazu finden und üben, sich ohne Scheu darin auszudrücken.

Mathematik: Wie viel wiegt ein Regenwurm?

Da das Regenwurm-Projekt fächerübergreifend angelegt war, arbeiteten die Kinder auch an mathematischen Angeboten. Im Kunst-, Sachkunde- und Deutschunterricht waren im Zusammenhang mit dem Thema „Regenwurm" bereits Fragen aufgetaucht, denen wir nun im Fach Mathematik nachgehen wollten:

▶ **Wie viel wiegt ein Regenwurm?**
▶ **Wie lang wird ein Regenwurm?**
▶ **Wie viele Ringe hat ein Regenwurm?**
▶ **Wie alt wird ein Regenwurm?**

Regenwurm Willi – eine Handpuppe – begleitete uns auf unseren mathematischen Ausflügen in die Welt der Würmer. Im Sachkundeunterricht hatten die Schüler bereits eine Beobachtungsstation mit echten Regenwürmern aufgebaut, so dass wir mit unserer Suche nach Antworten unverzüglich beginnen konnten.

Eines unserer **übergeordneten Ziele** war der verantwortungsbewusste Umgang mit den Lebewesen. Für die Dauer des Projekts vermerkten die Kinder dies als soziales Ziel in ihren Logbüchern. Schließlich hatten sie fast jeden Tag mit lebendigen Regenwürmern zu tun, die keinen Schaden bei den Untersuchungen nehmen sollten.

Als **Hilfsmittel** dienten uns Waage, Maßband und Lineal. Die unterschiedlichen Messergebnisse (von 0 bis 3 Gramm, von 5 bis 15 Zentimeter) setzten eine rege Diskussion in Gang. Um Größenvorstellungen zu entwickeln, wurden zum Vergleich Gegenstände wie Stifte, Scheren und Hefte gemessen und gewogen. Die Schüler versuchten, eine Relation zu den Messergebnissen beim Regenwurm herzustellen. Die Ergebnisse hielten sie in einer Tabelle fest. Gleichzeitig wurden mathematische Arbeitsweisen aktiviert und gefördert: Die Kinder lernten, wie man Protokolle von Handlungen schreibt und Ergebnisse interpretiert.

Als Anlass für **eigene Rechengeschichten** eignete sich Regenwurm Willi gut, da solche Geschichten so aus einem bedeutungsvollen Kontext heraus leichter entwickelt werden können. Bilder sind Momentaufnahmen und können keine Prozesse darstellen. Rechenoperationen hingegen basieren auf Handlungen. Die Schüler sollten lernen, Bilder in Handlungszusammenhänge zu stellen und sie zu interpretieren. Dabei kam es weniger auf die Lösung von Aufgaben als vielmehr darauf an, eine sinnvolle Aufgabe anhand eines Situationsbildes zu entwickeln. Es ging also darum, ein Bild unter qualitativen Aspekten zu betrachten und es in Rechenaufgaben zu übersetzen. Genau dies macht die Tätigkeit des Mathematisierens aus.

Checklistenziele:
1) *„Ich kann die Länge eines Regenwurms und sein Gewicht feststellen."*
2) *„Ich kann die Messergebnisse in einer Tabelle zusammenstellen."*
3) *„Ich führe die Messungen so durch, dass ich den Regenwurm nicht verletze."*

Checklistenziele:
1) *„Ich kann eine Rechengeschichte erfinden."*
2) *„Ich kann die Zahlen bis 10 mit einem Regenwurmkörper darstellen."*

Die Kinder verwandelten sich dabei selbst in Regenwürmer und stellten die Zahlen 1–10 mit ihren Körpern dar. So konnten sie den Zahlenraum sinnlich erfahren, und es fiel ihnen leichter, die Zahlen zu verinnerlichen. Außerdem hatten sie Spaß dabei, sich wie ein Regenwurm zu verbiegen. Von der handelnden Ebene gingen wir auf die bildliche Ebene über. Es entstand die Idee, Regenwurmzahlenbilder in ein Regenwurmbuch zu zeichnen.

Wenn sie sich mit Lernangeboten beschäftigen, die verständlich und bedeutsam für sie sind, sind Kinder sehr motiviert und leistungsfähig. Sie erlebten die Aufgabenstellungen als sinnvoll, weil sie ihre Nützlichkeit im Projekt erfahren hatten und weil sie ihr Denken und ihre Kreativität herausforderten.

Laras Rechengeschichte

Literaturtipps:

▶ Felke, J.:
Bauen und Basteln.
In: Grundschule Kunst,
Nr. 01/01, 2001.

▶ Saint Phalle, N. de:
Niki de Saint Phalle
Hatje Cantz Verlag, 1995.
ISBN 3-7757-0576-7

▶ Brandenburg, B.:
**Nikki de Saint Phalle
für Kinder.**
Verlag an der Ruhr, 2004.
ISBN 3-86072-853-9

▶ Locker, C.:
**Die Regenwurm-
Werkstatt.**
Verlag an der Ruhr, 1999.
ISBN: 3-86072-435-5

▶ Buse, L. /Meyer, R.:
Regenwürmer. Leben
und Arbeit in Finsternis.
edition liberacion, 2001.
ISBN 3-923792-42-5

▶ Andersen, E./Buse, L./
Schotemeier, M.:
Werkbuch Regenwurm.
Für Kindergarten und
Grundschule.
edition liberacion, 2000.
ISBN 3-923792-43-3

Die Geschichte von „Eddie the
earthworm" finden Sie in:

▶ Gerngross, G./Puchta, H.:
Playway Rainbow Edition.
**Arbeitsmaterialien für
den Englischunterricht
an Grundschulen ab
Klasse 3** (DVD).
Klett Edition Helbling, 2005.
ISBN 3-12-587097-6

Das
Portfolio-Konzept in der Grundschule

Anhang

Formulare und Kopiervorlagen

Liebe Leser,
*die folgenden Formulare und Vorlagen für das **Portfolio**,*
die wir in den vorangegangenen Abschnitten eingehend
erklärt haben, möchten wir Ihnen zum Einstieg in die
Portfolioarbeit zur Verfügung stellen. Schöpfen Sie Ideen
und Anregungen daraus, um eigene – zu Ihrer Schule bzw.
zu Ihrem Unterricht – passende Formulare zu entwickeln.
Jedes Halbjahr verändern wir die Vorlagen wieder und
passen Sie unseren aktuellen Bedürfnissen und dem Stand
der Portfolioarbeit in unserer KLAX-Schule an.

Unser Konzept entwickeln wir bei KLAX stetig weiter.
*Deshalb passen wir auch unser **Logbuch** regelmäßig an,*
um es für die Schüler noch handhabbarer zu machen.
Weil das Logbuch auf den Tagesablauf unserer KLAX-
Grundschule zugeschnitten ist, hielten wir es nicht für
sinnvoll, auch hierfür Kopiervorlagen bereitzustellen.
Wenn Sie möchten, können Sie ein aktuelles Logbuch
bei KLAX bestellen. Informationen dazu finden Sie im
*Internet unter: **www.klax-online.de***

Schüler-Checkliste

für das Fach _____

▶ Auf dieser Checkliste befinden sich alle auf der Fachkonferenz vom _____ bis _____ vereinbarten Ziele für das laufende Schulhalbjahr.

▶ Diese Fachziele sind gültig für das _____ Schulhalbjahr _____.

▶ Die Checkliste wurde am _____ durch den Fachlehrer an den Schüler ausgehändigt.

Nr.	Fachziele	Das kann ich	Ich bin auf dem Weg	Kommentar/ Unterschrift des Lehrers

_____
Unterschrift des Schülers

_____
Unterschrift des Fachlehrers

© Verlag an der Ruhr | Postfach 10 22 51 | 45422 Mülheim an der Ruhr | www.verlagruhr.de | ISBN 3-8346-0137-3

Das
Portfolio-Konzept in der Grundschule

Checkliste – Soziale Ziele

Schuljahr: _____

Nr.	Ziele	Das kann ich	Ich bin auf dem Weg	Kommentar/ Unterschrift des Lehrers

_____

Unterschrift Lehrer

_____

Datum

© Verlag an der Ruhr | Postfach 10 22 51 | 45422 Mülheim an der Ruhr | www.verlagruhr.de | ISBN 3-8346-0137-3

Das
Portfolio-Konzept in der Grundschule

Lehrer-Checkliste

für das Fach _____

▶ Auf dieser Checkliste befinden sich alle auf der Fachkonferenz vom _____ bis _____ vereinbarten Ziele für das laufende Schulhalbjahr.

▶ Diese Fachziele sind gültig für das _____ Schulhalbjahr _____.

Fachziele	Kriterein Was beinhaltet das Fachziel? Worauf kommt es bei der Bearbeitung grundsätzlich an? Woran können Schüler und Fachlehrer erkennen, dass das Ziel erreicht wurde?

_____

Unterschrift des Fachlehrers

© Verlag an der Ruhr | Postfach 10 22 51 | 45422 Mülheim an der Ruhr | www.verlagruhr.de | ISBN 3-8346-0137-3

Das
Portfolio-Konzept in der Grundschule

© Verlag an der Ruhr | Postfach 10 22 51 | 45422 Mülheim an der Ruhr | www.verlagruhr.de | ISBN 3-8346-0137-3

Mein individueller Arbeitsplan

Name: _____

Datum: _____

Fach: _____

1)

2)

3)

4)

5)

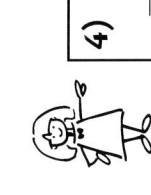

Mein Ziel:

▲ Vereinbare mit deinem Lehrer deine Vorgehensweise!

▲ Überlege, was du zuerst tun musst und welche Schritte dann folgen müssen.

▲ Denke darüber nach und schreibe genau und in der richtigen Reihenfolge auf, wie du vorgehen wirst, um dein Ziel zu erreichen.

▲ Vergiss nicht, die Zeiten aufzuschreiben! Wann wirst du welchen Schritt erreichen? Markiere jeden Schritt, den du bearbeitet hast, farbig.

Planung mit dem Lotus-Diagramm

© Verlag an der Ruhr | Postfach 10 22 51 | 45422 Mülheim an der Ruhr | www.verlagruhr.de | ISBN 3-8346-0137-3

© Verlag an der Ruhr | Postfach 10 22 51 | 45422 Mülheim an der Ruhr | www.verlagruhr.de | ISBN 3-8346-0137-3

Mein Lotusplan

Name: _____

Datum: _____

Fach: _____

Ziel: _____

▲ Vereinbare mit deinem Lehrer deine Vorgehensweise: Trage in die Mitte dein Ziel ein.

▲ Überlege, was du zuerst tun musst und welche Schritte dann folgen müssen.

▲ Denke darüber nach, welche Materialien du benötigst und womit du anfängst, um dein Ziel zu erreichen. Vergiss nicht, die Zeiten aufzuschreiben!

▲ Wann wirst du welchen Schritt erreichen? Markiere jeden Schritt, den du bearbeitet hast, farbig!

Geschafft! Gelernt!

Name: _____ **Datum:** _____

▶ Dieses Ziel/Teilziel ist dem Checklistenziel Nr. _____ zugeordnet.

Warum ich mein Ziel erreicht habe:

_____

_____

_____

_____

Lehrer:

_____

_____

_____

▶ Trage oben in die Sprechblase das Ziel oder Teilziel ein, das du erreicht hast. Schreibe darunter auf, warum du meinst, dein Ziel erreicht zu haben!

▶ Achte dabei auf die Kriterien. Besprich mit deinem Lehrer die Arbeit und bitte ihn um einen Kommentar!

© Verlag an der Ruhr | Postfach 10 22 51 | 45422 Mülheim an der Ruhr | www.verlagruhr.de | ISBN 3-8346-0137-3

Das Portfolio-Konzept in der Grundschule

Das bin ich

Datum: _____

Ich heiße: _____

So groß bin ich gerade: _____

Damit spiele ich gerade am liebsten: _____

_____

In der Schule interessiere ich mich gerade besonders dafür:

_____

_____

_____

Foto

Das möchte ich über mich erzählen: _____

_____

_____

_____

_____

Vielleicht bin ich in einem Jahr: _____

_____

_____

_____

Als Erwachsener möchte ich werden: _____

Meine Unterschrift: _____

© Verlag an der Ruhr | Postfach 10 22 51 | 45422 Mülheim an der Ruhr | www.verlagruhr.de | ISBN 3-8346-0137-3

Das mag ich

Name: _____ **Datum:** _____

Meine Lieblingsfarben: _____

_____

_____

_____

Meine Freunde sind: _____

_____

_____

_____

Meine Lieblingstiere: _____

_____

_____

_____

Hier bin ich am liebsten: _____

_____

_____

_____

Das tue ich gerne: _____

_____

_____

_____

Mein Lieblingsessen: _____

_____

_____

_____

Das mag ich noch alles gerne: _____

_____

_____

_____

© Verlag an der Ruhr | Postfach 10 22 51 | 45422 Mülheim an der Ruhr | www.verlagruhr.de | ISBN 3-8346-0137-3

Das
Portfolio-Konzept in der Grundschule

Auswahl für das Portfolio

Name: _____ **Thema:** _____ **Datum:** _____

1. Welchen Teil der
Arbeit habe ich
am gründlichsten
gemacht und
warum?

_____

_____

_____

_____

2. Fünf Dinge, die ich
bei der Arbeit
gelernt habe:

_____

_____

_____

_____

3. Was war das
Schwierigste an
dieser Arbeit?

_____

_____

_____

_____

4. Was gefiel mir/
was gefiel mir nicht?

_____

_____

_____

5. So würde ich meine
Arbeit verbessern,
wenn ich sie noch
einmal machen
würde:

_____

_____

_____

© Verlag an der Ruhr | Postfach 10 22 51 | 45422 Mülheim an der Ruhr | www.verlagruhr.de | ISBN 3-8346-0137-3

Auswahl für dich

Name: _____ Datum: _____

Fachlehrer:

Ich habe diese Arbeit für dich ausgewählt, weil ...

_____

_____

_____

_____

Schüler:

Das meine ich dazu ...

_____

_____

_____

_____

_____

▶ Auf dieser Seite begründet dein Lehrer, warum er eine Arbeit für dein Portfolio ausgewählt hat und warum er meint, dass diese Arbeit einen bedeutenden Entwicklungsschritt sichtbar macht. Gemeinsam mit diesem Blatt heftet er deine Arbeit in dein Portfolio.

Unten kannst du aufschreiben oder diktieren, warum du diese Arbeit nicht selbst in das Portfolio aufnehmen wolltest. Oder du schreibst auf, dass du mit der Auswahl deines Lehrers einverstanden bist.

Ausgefüllt von: _____

(Lehrer)

© Verlag an der Ruhr | Postfach 10 22 51 | 45422 Mülheim an der Ruhr | www.verlagruhr.de | ISBN 3-8346-0137-3

Das
Portfolio-Konzept in der Grundschule

Meine ganz persönlichen Ziele im nächsten Halbjahr

Name: _____ Datum: _____

1. _____

_____

_____

_____

2. _____

_____

_____

_____

3. _____

_____

_____

_____

▶ Hier kannst du aufschreiben, was du dir für das kommende Halbjahr ganz persönlich vorgenommen hast.

▶ Trage hier keine Fachziele ein, denn die stehen ja auf deinen Checklisten.

▶ Worauf wirst du achten?

▶ Was möchtest du noch unbedingt lernen?

▶ Was hast du dir vorgenommen?

▶ Setze dir nur Ziele, die du auch erreichen kannst, es sollten auch nicht mehr als drei sein.

▶ Überlege, was wirklich wichtig ist!

▶ Wenn dir nichts einfällt, sprich doch mal mit deinem Lehrer und deinen Eltern darüber!

© Verlag an der Ruhr | Postfach 10 22 51 | 45422 Mülheim an der Ruhr | www.verlagruhr.de | ISBN 3-8346-0137-3

Selbsteinschätzung zum Schuljahresende

Name: _____ Schuljahr: _____ Datum: _____

	ja	mittel	nein
Ich erzähle gerne im Gesprächskreis	☐	☐	☐
Ich höre gerne im Gespächskreis zu	☐	☐	☐
Ich bin oft in Streit verwickelt	☐	☐	☐
Ich kann meinen Streit alleine lösen	☐	☐	☐
Ich schreibe gerne	☐	☐	☐
Ich lese gerne	☐	☐	☐
Ich rechne gerne	☐	☐	☐
Ich singe/tanze gerne	☐	☐	☐
Ich male/zeichne gerne	☐	☐	☐
Ich bastle/baue gerne	☐	☐	☐
Ich experimentiere gerne	☐	☐	☐

Ich kann besonders gut: _____

_____

_____

Das muss ich noch üben: _____

_____

_____

Mir macht in der Schule am meisten Spaß: _____

_____

_____

_____

Unterschrift

© Verlag an der Ruhr | Postfach 10 22 51 | 45422 Mülheim an der Ruhr | www.verlagruhr.de | ISBN 3-8346-0137-3

Das
Portfolio-Konzept in der Grundschule

Elternseite im Portfolio

Name: _____ **Datum:** _____

Das hat mir in deiner Portfolio-Mappe gefallen:

_____

_____

_____

_____

_____

_____

_____

Ich wünsche mir, dass du daran weiterarbeitest:

_____

_____

_____

_____

_____

_____

_____

_____   _____
Unterschrift Eltern   *Unterschrift Schüler*

© Verlag an der Ruhr | Postfach 10 22 51 | 45422 Mülheim an der Ruhr | www.verlagruhr.de | ISBN 3-8346-0137-3

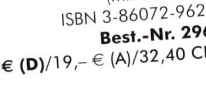